Nicolas Castoldi

Contre l'empêchement

CNRS ÉDITIONS
15 rue Malebranche - 75005 Paris

ISBN : 978-2-271-14673-1
ISSN : 2729-2045

« La mesure de la santé, c'est une certaine capacité de surmonter des crises organiques pour instaurer un nouvel ordre physiologique, différent de l'ancien. Sans intention de plaisanterie, la santé, c'est le luxe de pouvoir tomber malade et de s'en relever. Toute maladie est au contraire la réduction du pouvoir d'en surmonter d'autres ».

Georges Canguilhem, *La connaissance de la vie*,
« Le normal et le pathologique », Paris, Vrin, 1965

« Chaque homme dans sa nuit s'en va vers sa lumière. »

Victor Hugo, *Les contemplations*, « Écrit en 1846 »

À la mémoire de Henri Castoldi et de Noël Coulet

Pour la Timourous Beastie

Avant-propos

Du mouvement pour aller plus loin

Ce livre est d'abord un essai. Il n'aurait pas existé sans la crise sanitaire que nous avons traversée en 2020, mais ce n'est pas un essai sur la crise. Il porte plutôt sur ce que cette crise a révélé, au double sens où elle a mis en lumière certains traits fondamentaux qui caractérisent nos sociétés et nos existences et où elle fait surgir en nous quelque chose, amorçant ainsi un mouvement bien plus profond qu'une simple réaction aux événements et qui peut nous emmener beaucoup plus loin.

Or il se trouve que nous attendent des épreuves bien plus considérables – la première d'entre elles étant de faire face à la transformation de nos conditions essentielles d'existence sous l'effet d'un bouleversement climatique déclenché par l'humanité elle-même. L'épidémie de Covid-19 a été un premier test. Nous l'avons passé, non sans difficultés, morales plus encore que matérielles.

Ce petit livre se présente aussi comme un témoignage personnel, celui d'un acteur et d'un observateur de la crise. En mars 2020, je dirigeais le cabinet de la ministre de l'Enseignement supérieur, de la recherche et de l'innovation. Conscient de l'épuisement physique et mental qui était le mien après trois années de travail permanent, je me préparais à quitter le cabinet quand l'épidémie, puis le confinement sont arrivés. Par un concours de circonstances trop long à raconter ici, j'ai pris, dans ce contexte, la responsabilité du volet « dépistage » de la réponse à la crise, puis de la préparation du premier déconfinement. À la fin de la première vague, j'ai rejoint Martin Hirsch à l'Assistance publique – Hôpitaux de Paris, qu'il dirigeait alors, sans avoir pleinement conscience du fait que de nouvelles vagues allaient bel et bien venir, vagues durant lesquelles j'ai essayé, à la place décalée qui était la mienne, de contribuer à l'effort de crise, en échangeant notamment beaucoup avec les scientifiques pour anticiper ce qui allait survenir.

Comme chacun d'entre nous, je sors profondément transformé de cette crise individuelle et collective. Je suis convaincu que si nous voulons aller au bout de ce mouvement et lui donner tout son sens, nous devons les uns et les autres prendre un moment pour revenir sur les événements vus de notre fenêtre singulière, récapituler ce qui s'est passé, rassembler nos souvenirs, suivre le fil de nos craintes, de nos difficultés et de nos joies et en faire le récit, à l'échelle personnelle comme à l'échelle sociale. L'épidémie nous a saisis à un point donné de nos existences et nous a déposés à un autre, dans un monde qui n'est plus le même et qui a autant changé que nous avons nous-mêmes changé. Cette transformation subie peut être une force, à la condition d'en être pleinement conscient, de l'assumer et de la revendiquer.

Tout ce qui est antérieur à mars 2020 nous semble désormais remonter à un passé lointain, un temps désormais révolu, où nous avions des projets qui bien souvent ne nous parlent plus, et qui a le charme rétrospectif d'une « belle époque » presque insouciante. Ma conviction profonde, c'est que cette cassure dans le fil de nos vies nous a permis de savoir avec une netteté presque étonnante ce que nous voulons et ce que nous ne voulons pas. Tant mieux ! Nous aurons besoin de cette clarté et de cette énergie dans les années qui viennent. Je suis également certain du fait qu'à l'issue de cette grande clarification, il y a plus de choses qui nous rassemblent que de choses qui nous séparent. C'est pourquoi nous devons plus que jamais partager l'état de nos réflexions et de nos aspirations, pour construire – ou reconstruire – l'édifice social et politique et la conscience politique qui vont avec le monde nouveau dans lequel nous avons été pour ainsi dire transportés.

Encore faut-il assumer cette rupture. Nous vivons à cet égard un moment assez paradoxal. Nous nous sentons tous profondément changés, nous voyons bien que nous avons changé de monde, mais nous n'en parlons pas – ou en tout cas nous en parlons de moins en moins, comme s'il était temps de cesser de parler de la crise et de ses effets qui se voient partout.

Nous devons réapprendre à vivre et à faire ensemble, non pas au sens mou et éthéré du « vivre ensemble », mais au sens nous avons besoin de toucher à nouveau du doigt la force, l'énergie, l'intelligence que peuvent nous donner le contact d'autrui et l'action commune. Une force, une énergie et une intelligence qui peuvent être le ressort d'une vie et d'une action collectives à la mesure des épreuves qui nous attendent et des aspirations qui sont les nôtres.

Nous sommes sortis d'un temps doux-amer, où l'émancipation individuelle voisinait avec une forme de déception collective permanente et nous sommes entrés dans un temps d'épreuves, marqué par le retour des grandes épidémies, des tensions sociales et même désormais de la guerre aux portes de l'Europe. Nous avons deux options : nous replier sur nos aspirations personnelles, en faisant le deuil du collectif, ou essayer de reconstruire quelque chose. Mais à dire vrai, nous n'avons pas le choix : nous avons réappris, dans cette crise, combien nous étions dépendants les uns des autres, tout comme nous avons redécouvert que nous étions capables, collectivement, de faire ce qui devait être fait pour protéger les autres. Cette interdépendance ne va pas disparaître, loin s'en faut : le repli sur la sphère privée est une illusion, tant l'ombre du changement climatique commence à planer sur nous.

Ce retour à la réalité collective de nos vies est également une chance. On ne dira jamais assez combien, dans les temps d'épreuves, l'on redécouvre à quel point c'est en autrui que l'on peut trouver l'énergie et l'intelligence nécessaires non seulement pour tenir, mais pour faire – et pour faire mieux parce qu'on le fait ensemble. La force de l'émulation intellectuelle, la joie du courage et de l'action partagées sont des expériences extraordinaires. Elles sont ce que j'ai trouvé de plus précieux dans la crise : au même moment où bien des personnes en qui j'avais confiance me faisaient défaut dans des proportions et des conditions que je n'aurais jamais imaginées, j'ai eu le bonheur de croiser ou de pouvoir compter sur des figures lumineuses qui, au plus fort de la crise, ont été pour moi de vrais éclaireurs, non seulement parce qu'ils rayonnaient au cœur de temps bien sombres, mais encore parce qu'ils avaient le don d'inspirer, de réveiller et rassurer, de donner envie de se mettre en route malgré tout et d'avancer. Elles ont été de ces personnes qui donnent du « mouvement pour aller plus loin », pour reprendre les termes d'un grand philosophe français, Nicolas Malebranche. Ce dernier refusa de faire de la détermination par Dieu le signe d'un renoncement à la liberté. D'une certaine manière, pour Malebranche, s'arrêter à n'être, ne penser ou à ne faire que telle ou telle chose est la source de toute erreur et de toute faute. La liberté est mouvement – et en tout cas capacité de dépassement.*

Nous subissons notre nature comme nous subissons les événements. Ils nous affectent et nous balayent. Ils peuvent faire tout s'effondrer, autour de nous et en nous. Mais la même force qui nous ébranle et nous éprouve nous met en mouvement et ce mouvement

* J'invite le lecteur qui voudrait en savoir plus à se reporter au petit livre remarquablement limpide de Denis Moreau : *Malebranche, une philosophie de l'expérience*, Paris, Vrin, 2004.

peut se prolonger. C'est pourquoi le temps est venu pour chacun de faire des projets, d'exprimer des idées, de partager des intuitions, d'essayer de construire des choses plus grandes que soi, d'engager les autres. Cela peut sembler contre-intuitif dans un moment d'épuisement et de fermeture comme celui que nous avons le sentiment de traverser. Il n'en est rien : le mouvement, comme bien des réalités humaines, individuelles ou collectives, est performatif. Il ne se décompose pas, il ne s'esquisse pas, il se déclenche, il part et une fois parti, il va loin : c'est comme si rien ne pouvait l'arrêter.

Chapitre 1

Face au sentiment d'empêchement

Quelque part à la fin du mois de mai 2020, je suis entré, pour la première fois, dans le bureau de Martin Hirsch, alors directeur général de l'Assistance publique – Hôpitaux de Paris (AP-HP). Je l'avais, il me semble, croisé en tout et pour tout deux fois avant de lui demander ce rendez-vous. Le déconfinement se passait bien, je sentais que d'ici quelques semaines, tout l'État serait revenu à son fonctionnement habituel et que, bientôt, « Monsieur Tests » – c'était l'un des surnoms dont j'avais été affublé – devrait lui aussi passer à autre chose, comme le reste de la société française. Or je n'avais pas la moindre idée de ce que pourrait être cette autre chose.

Je savais en revanche que je n'avais aucune envie de renouer avec la vie administrative. J'étais dans une phase de rejet viscéral de la bureaucratie – elle n'est d'ailleurs pas totalement terminée. L'on me conseilla alors d'aller parler avec deux ou trois personnes « inspirantes », qui pourraient m'aider à y voir clair. Le conseil me parut excellent : d'où ce rendez-vous, que Martin Hirsch avait eu la gentillesse de m'accorder.

Un entretien d'orientation d'après-crise

Nous avons commencé par expliciter l'objet de l'entretien. J'avais dit immédiatement au directeur général que je ne cherchais pas un emploi, mais des conseils. Il m'avait répondu tout aussi immédiatement que cela tombait bien, puisque son équipe rapprochée était au complet. En guise de conseil, il me posa une question – une de ces questions un peu décalées que Martin est sans doute l'un des seuls à pouvoir poser. Il me demanda quelle était la *cause* à laquelle j'étais prêt à consacrer toute mon énergie, celle pour laquelle je pourrais travailler nuit et jour, celle qui valait à mes yeux que l'on se batte pour elle. Ma réponse fut immédiate : « Je ne supporte plus la bêtise. Je ne supporte plus la médiocrité du débat public. J'ai passé une bonne partie de ma vie professionnelle à essayer de brancher le monde politique sur le monde scientifique et *vice versa*. J'ai essayé d'imaginer des solutions pratiques et intelligentes. J'ai participé au lancement d'un think-tank politique, j'ai travaillé pour d'autres. J'ai écrit des discours par centaines, en essayant de leur donner de la tenue et du sérieux. À la fin, sur le fond, cela n'a pas donné grand-chose. Mais il faudra bien à un moment ou à un autre que cela marche. On ne peut plus continuer avec une vie politique et une vie administrative où il se dit toujours les mêmes choses, qui ne veulent plus rien dire et n'ont parfois aucun sens. Je serais prêt à travailler jour et nuit pour aider à remettre de l'intelligence dans tout cela. Ce serait cela, ma cause. »

Avec le recul, je me demande même comment j'ai pu répondre cela et prendre ainsi le risque de paraître à la fois incroyablement prétentieux et extraordinairement naïf. Mais c'était un cri du cœur – le cri du cœur d'un homme épuisé, qui avait le sentiment d'avoir fait son devoir dans un moment de tension et d'agitation extrêmes, qui avait pris sa part de coups et traversé des moments difficiles et qui ne savait pas ce qui allait bien pouvoir sortir de cela.

Aux yeux du boxeur fatigué que j'étais, l'ennemi qui m'avait assailli, des semaines durant, portait un nom : la bêtise, c'est-à-dire la capacité permanente à passer à côté du sujet, à remettre en cause ce qui était évident, à explorer des alternatives plus ou moins absurdes, à faire le procès des uns et des autres, bref, à dévorer le temps dont nous manquions pour avoir des débats vains et inutiles, tout en refusant d'engager sérieusement ceux que nous aurions dû engager.

J'ai beaucoup repensé depuis à cette question et à cette réponse. Elle dit beaucoup de choses – que j'aime *Cyrano de Bergerac*, sans doute, et que mon inconscient d'ancien khâgneux s'était approprié sans le vouloir la première phrase de *Monsieur Teste*, de Paul Valery, qui commence par cette déclaration fracassante : « La bêtise n'est pas mon fort. » Mais que cette formule me soit venue naturellement suggère qu'elle exprimait aussi quelque chose qui venait de loin, une conviction profonde et ancienne. Plus que les désordres de la gestion de la crise, c'étaient les frustrations rencontrées lors de ma petite quinzaine d'années de vie professionnelle précédentes qui s'exprimaient ainsi. À l'évidence, il y avait des choses que j'avais acceptées que je n'étais plus prêt à accepter.

L'absence de retour à la normale

C'est ainsi que j'ai compris, pour la première fois, qu'il n'y aurait pas de retour à la normale – ni pour moi ni pour les autres. Non pas parce que cette crise a changé le monde qui nous entoure, mais bien parce qu'elle a profondément changé chacun de nous. Pendant deux ans, la terre a tremblé continument, les vagues succédant aux vagues, les crises aux crises. Pendant deux ans, la crise est venue éprouver la force de nos relations avec nos proches, nos collègues, nos milieux professionnels. En nous imposant de suspendre, puis de recomposer nos existences, elle est venue mettre en lumière la part de force et la part de faiblesse de nos vies. Deux crises se sont alors juxtaposées, l'une comprenant l'autre : la première est la crise sanitaire proprement dite, marquée par la circulation du virus ; la seconde est l'état de crise d'une société où les modalités d'interaction avec autrui ont été brutalement redéfinies. D'une vague l'autre, des couples se sont séparés, d'autres se sont formés, d'autres enfin ont tenu bon. Des amis se sont trouvés, d'autres se sont perdus, des mains ont été tendues, saisies et parfois lâchées. Des carrières se sont interrompues, des vocations se sont révélées, d'autres ont été abandonnées. Des collectifs se sont créés et d'autres, bien plus nombreux, se sont dissous : le réseau des relations individuelles qui contribue à définir chacun de nous aura été, en tout ou en partie, profondément bouleversé. L'état antérieur de nos existences a disparu.

Le plus étonnant est de constater combien, en cours de route, cette question de « l'après », si prégnante dans les premières semaines de l'épidémie, a fini par disparaître. Cela s'explique en partie par ce sentiment nouveau, parfaitement décrit par Frédéric Worms dans son dernier livre, celui de voir en temps réel advenir des évènements, dans une sorte de surgissement permanent qui nous a rappelé que la durée était créatrice et que l'état du monde et de nos existences était imprévisible – à horizon de quelques heures comme de quelques jours ou de quelques années. Le cours de nos existences était réglé, nous avions nos habitudes, nos repères. Une large partie d'entre eux ont désormais disparu : nous avons vu d'abord des gilets jaunes apparaître sur des ronds-points et monter à Paris pour s'affronter à l'ordre établi ; nous avons vu ensuite le COVID arriver et interrompre nos existences ; nous voyons aujourd'hui un État se faire envahir à nos portes, avec bien souvent le sentiment d'une impuissance radicale face à ce retour des évènements au sens fort du terme.

Le rejet viscéral du sentiment d'empêchement

Je crois que ce que nous ressentons aujourd'hui au fond de nous-mêmes n'est pas seulement la trace passive de la violence des évènements, mais aussi et surtout l'expression profonde d'une pulsion active en nous, d'une volonté, face à la crise, de redevenir acteur, de faire et d'agir. Cet élan était puissant au sortir du confinement et je suis convaincu qu'il demeure là, à l'arrière-plan de beaucoup des choses qui se jouent à présent.

L'une des hypothèses qui traversent cet ouvrage, c'est que le sentiment d'empêchement est le fil de trame invisible de la société française en ce début de XXIe siècle, un fil qui traverse les catégories sociales, les professions et les territoires, parce qu'il est, pour des raisons très différentes, partagé par un nombre grandissant d'hommes et de femmes, qui ne supportent plus de se sentir tout simplement empêchés – empêchés de faire, empêchés d'avancer, englués, comme bloqués, devenus incapables malgré leurs efforts de trouver ou de donner du sens à ce qui leur tient à cœur. Cet empêchement prend des formes variées : il peut être économique et il est alors éprouvé par ceux qui mesurent leur capacité d'aller et venir à leur capacité à payer un nouveau plein de carburant ; mais il est aussi intellectuel, politique et social et affecte alors l'ensemble des catégories sociales. C'est un sentiment profondément individuel, qui est éprouvé par un sujet particulier et vécu en première personne, mais qui est aussi et peut-être même surtout la manifestation et la traduction à l'échelle individuelle d'une difficulté collective à agir et à avoir conscience que l'on agit collectivement. En ce sens, le sentiment d'empêchement est la traduction, dans la vie quotidienne de l'individu, de la manière dont l'organisation sociale et la complexité intellectuelle et organisationnelle des collectifs humains conduisent un nombre croissant de personnes à ne plus avoir le sentiment ni de faire ni de pouvoir faire et encore moins avec le concours des autres, alors même que ces personnes exercent une activité professionnelle chaque jour et qu'elles contribuent ainsi à la vie d'organisations qui, à ne pas en douter, font des choses et produisent pourtant des résultats. Être empêché, c'est ne plus se sentir le sujet des actions collectives, dont nous voyons pourtant les résultats autour de nous, et c'est ne jamais parvenir à aller au bout des actions individuelles que nous cherchons à entreprendre et qui nous tiennent à cœur.

En interrompant nos vies, en imposant la suspension de nos activités, en nous empêchant comme jamais nous n'avions été empêchés et en faisant ainsi apparaître la quintessence de cet affect, la pandémie a brutalement et puissamment mis en lumière ce sentiment d'être englué dans un éternel présent sans grand sens et nous l'a rendu proprement insupportable. Ce refus de la passivité, de l'impuissance, de l'enfermement personnel et professionnel va durablement marquer notre génération. Ce sera notre « plus jamais ça », enfanté par une crise où l'immense majorité de la vie sociale a été mise en parenthèse et où chacun a été condamné à trouver des expédients dans l'attente d'un hypothétique retour à la normale.

Mais qui s'imagine, maintenant que la crise est devenue une sorte d'état perpétuel, reprendre son existence telle qu'elle se présentait jusqu'ici ? Qui est prêt à renouer avec une vie à l'identique ? Qui le pourrait, d'ailleurs, puisque la crise a affecté en profondeur nos vies intimes comme nos vies professionnelles ? Et qui est prêt à accepter de reprendre la même existence, faite de concessions permanentes, de procédures plus ou moins absurdes à mettre en œuvre, de routines collectives comme seule peut en générer une société où la vie sociale se déploie dans des cadres et des organisations si larges et si conservatrices, y compris sur le plan intellectuel, que plus rien ou presque n'y semble assez possible pour susciter l'envie d'agir et de faire ?

De la crise comme révélateur de la capacité à faire

Formulé ainsi, le constat paraît naturellement excessif. Mais j'invite le lecteur à faire cette expérience simple, à se représenter le retour d'une vie identique, maintenant que la crise sanitaire semble terminée, à celle qu'il vivait avant qu'elle ne commence : n'y a-t-il pas des aspects de cette vie qui lui paraissent, désormais, proprement insupportables ? Et n'y a-t-il pas tout ou partie de son existence qu'il voudrait pouvoir changer ? Or ce que cette crise elle-même nous a enseigné, c'est la possibilité du changement. En interrompant brutalement nos existences, elle nous a rappelé que les évènements existaient et qu'ils pouvaient venir changer le cours des choses. Certains de ces évènements sont subis – telle la pandémie elle-même, mais nous pouvons être à l'origine d'autres évènements, d'ampleur plus réduite, d'évènements à notre mesure, d'évènements à portée d'individu, pour ainsi dire, qui se sont d'ores et déjà multipliés dans nos vies ou dans celles de nos entourages : réorientations, déménagements, séparations, rencontres et ainsi de suite. Force est de constater qu'ils se sont multipliés, comme en témoignent les unes des magazines consacrées, depuis quelques mois maintenant, à la « Grande démission » qui a commencé dans les semaines qui ont suivi le premier déconfinement et qui se poursuit désormais de crise en crise. On ne saurait mieux dire que la crise a d'ores et déjà conduit un nombre important d'entre eux à une forme de passage à l'acte.

Mais ce serait un tort que de croire que la crise nous reconduit à la seule possibilité du changement dans nos vies privées, entretenant ainsi un mouvement de réduction du possible à la seule sphère personnelle qui est l'une des caractéristiques intellectuelles et politiques de notre époque. Si nous avons subi la crise, nous avons su collectivement y mettre un terme. La mise au point d'un vaccin efficace dans des délais presque inimaginables en est la meilleure preuve – et cela seul devrait suffire à nous rappeler l'extraordinaire capacité d'agir que nous offre l'état d'avancement du savoir et de la recherche dans nos sociétés.

À cet égard, la leçon que nous a enseignée la pandémie est double : elle nous a non seulement montré à nouveau ce que l'intelligence scientifique et technique pouvait réaliser en quelques mois à peine, mais elle a également mis en lumière le fait que l'immense majorité de l'humanité était prête à faire le choix de renoncer à une partie de sa liberté d'aller, venir et agir au quotidien afin de protéger une fraction de la population susceptible de payer de sa vie l'exercice de cette liberté par d'autres. Sans doute au tout début de la crise s'agissait-il d'abord de se protéger soi-même. Mais il est frappant de constater que le choix de protéger les plus fragiles est demeuré très largement consensuel jusqu'au bout. Il faut dire et redire ceci : être confiné, ce n'était pas seulement être empêché de faire ; c'était aussi agir activement pour limiter la diffusion de l'épidémie, en se protégeant et en protégeant les autres.

Nous avons réappris à être acteurs

Ce que nous avons redécouvert dans cette crise, c'est aussi notre capacité à être acteurs individuellement et collectivement d'actions coordonnées devant nous permettre de surmonter l'adversité. Cette leçon est précieuse sur un double plan. Un plan individuel, tout d'abord, dans la mesure où nous avions lentement perdu jusqu'alors la conviction que nous pouvions, à notre échelle, changer profondément le cours des choses. Curieusement, notre époque, qui est celle qui a vu s'élargir comme jamais l'horizon de chacun, est aussi celle où chacun aura eu, moins que jamais, le sentiment d'être partie prenante des grandes transformations engagées. Être affecté individuellement par l'évènement, être amené à faire et vivre autrement pour y répondre constitue à cet égard une rupture des habitudes mentales et politiques dont nous devons prendre la mesure.

Sur un plan plus collectif, ensuite, cette expérience est fondatrice ou doit l'être, notamment pour tous ceux qui, dans la sphère publique, avaient progressivement désappris à penser qu'il était possible d'avoir un impact profond et rapide sur le cours des choses. Comme tant d'autres cadres publics se retrouvant confrontés à la nécessité de répondre à l'urgence de la crise à l'heure du premier confinement, j'ai fait l'expérience de l'incroyable dénuement face à une situation inimaginable : la mise à l'arrêt du pays, la circulation d'un virus dont l'on ne savait pas grand-chose et que l'on peinait même à mesurer, la faiblesse des moyens mobilisables pour remplir des finalités que personne n'imaginait.

En l'espace de quelques semaines à peine se sont progressivement mises en place des séries d'action concrètes qui ont permis de retrouver progressivement une capacité de faire et un début de maîtrise. Les évacuations sanitaires en masse qui, à la fin du mois de mars 2020, ont permis d'éviter l'effondrement du système hospitalier francilien, en sont l'exemple le plus remarquable. J'espère que les photographies et les vidéos de ces évacuations par train, par les airs ou sur les routes auront toute leur place dans les livres d'histoire et dans l'imaginaire collectif des générations futures : ces médecins, infirmiers et aides-soignants prenant soin de patients dans des conditions extrêmes, avec un niveau de technicité extraordinaire, ces rangées de camions de SMUR ou de pompiers filant vers les gares ou les aéroports, ces rames de TGV aménagées pour y transporter dans de bonnes conditions des patients intubés et ventilés, tout cela offre le tableau d'un équivalent, sur le plan sanitaire, d'une nouvelle bataille de la Marne, dont le souvenir mérite d'être conservé et transmis avec une immense fierté collective. S'il mérite de l'être, ce n'est pas aux dépens de tous les autres, mais parce qu'il concentre l'esprit même de l'action conduite depuis des mois : le refus absolu de laisser un quelconque patient à l'écart.

Dans cette crise, nous avons donc réappris à faire – à faire vite, à faire bien, à trouver de l'aide là où ne l'imaginait pas, à s'appuyer sur les différences forces sociales disponibles. Ce qui est frappant, pourtant, c'est que l'exceptionnel effort collectif engagé pendant deux ans de crise sanitaire ne semble pas porter en germe autre chose que lui-même. D'une part, il n'a pas engendré une conscience collective parmi tous ceux qui y ont engagé leur force et leur énergie pendant cette période ; d'autre part, il n'a pas, à ma connaissance, suscité de réflexion véritable sur ce qui a rendu possible cet effort.

L'absence d'une conscience collective de nos succès

Le premier point est le plus marquant : tout au long de cette crise, je n'ai cessé de croiser des personnes – autorités politiques, cabinets ministériels, représentants territoriaux de l'État, professionnels de santé –, qui se sentaient terriblement seules au milieu de la tempête, doutant d'avoir le soutien, l'aide ou la reconnaissance de toutes les autres composantes sociales. Ce sentiment se comprend : confronté à une tension extrême, qui rend la coopération aussi nécessaire que difficile, l'action se double d'une pression individuelle et d'un sentiment d'isolement inévitable. Mais sa persistance ne peut qu'interroger : elle dit quelque chose de la grande difficulté que nous avons désormais à forger des collectifs, y compris dans l'épreuve.

Nous savons certes former et structurer une communauté autour d'un noyau physique de personnes appelées à accomplir une mission partagée. Mais nous ne savons pas ou très difficilement faire émerger cette même communauté lorsqu'elle impose de transgresser des frontières préétablies entre entités administratives ou groupes professionnels. Nous savons encore moins le faire lorsqu'il n'y a pas d'unité de lieu permettant de forger ce sentiment collectif et la fragmentation territoriale de l'action commune durant la pandémie a été frappante. La lucidité commande de le reconnaître : nous avons à la fois réussi à coopérer et à accepter une forme de coordination collective indispensable sans jamais parvenir à aller au-delà des fragmentations originelles et en les exacerbant même. Qu'il s'agisse du clivage entre public et privé, qui s'est rejoué à tous les niveaux – hôpitaux, cliniques, laboratoires de biologie médicale, etc., des oppositions traditionnelles entre les différentes professions de santé ou de la tension entre l'État central et les collectivités régionales, tous ont joué à plein et si la coopération l'a emporté dans les faits, c'est toujours sur fond de mauvaise conscience et de demande de reconnaissance insatisfaite.

De la difficulté de faire converger un collectif fragmenté

Ce faisant, s'est révélée notre extraordinaire difficulté à agir collectivement. Je ne parle pas ici de l'individualisme qui caractérise sans doute nos sociétés, mais de la fragmentation qui caractérise les collectifs sociaux – et au premier chef les administrations publiques et les entreprises – et qui n'est pas politique ou identitaire, mais organisationnelle et catégorielle. Catégorielle au sens où dans un champ déterminé de la vie économique et sociale, les acteurs sont organisés, reconnus et régulés par sous-catégories. Le champ sanitaire en est le meilleur exemple : chaque profession de santé est définie et organisée indépendamment des autres, les acteurs publics et privés sont séparés autant qu'ils peuvent l'être et tous se sentent en concurrence avec tous. Cette fragmentation se rejoue au sein des organisations elles-mêmes, où entités et sous-entités ont leur culture, les enjeux, leurs manières de raisonner et d'opérer, souvent difficilement conciliables.

Ce phénomène est déterminant dans le sentiment d'empêchement : se sentir empêché, c'est d'abord éprouver ces frontières, l'impossibilité d'intéresser telle ou telle entité, tel ou tel groupe, telle ou telle personne à un projet auquel on tient et qui fait, à nos yeux du moins, évidemment sens. C'est être confronté à un tel degré d'hétérogénéité entre les manières de penser que rien ou presque ne paraît plus possible, puisqu'il faut, pour agir, avoir réussi à traduire dans tellement de référentiels et de langages différents une action déterminée que faire devient, par principe, toujours trop compliqué. Il est, dans le discours que notre société tient sur elle-même, beaucoup question des fragmentations politiques, économiques ou identitaires. Ces questions sont sans doute centrales. Il me semble toutefois qu'il ne faut pas surpondérer la place de ces fractures dans la dissolution du collectif d'ores et déjà en marche.

L'expérience première de la fragmentation, c'est bien plutôt celle de la difficulté de l'action à plusieurs, une difficulté qui tient d'abord à nos formes d'organisation et à nos manières de penser dans nos vies professionnelles. Il y a, dans la manière dont nous n'évoquons jamais ces sujets, quelque chose de profondément dérangeant, comme si nous préférions attribuer notre difficulté à faire société à des fractures idéologiques ou communautaires pour éviter d'avoir à interroger nos manières de nous organiser et de faire ensemble, qui ne forgent aucune conscience commune quotidienne. En somme, nous préférons débattre d'un « Grand remplacement » qui n'existe pas plutôt que de nous confronter au « Grand empêchement » que nous vivons les uns et les autres et qui nourrit ce sentiment de dépossession de la maîtrise de nos existences qui nous traverse tous, à un degré ou à un autre. Comment s'étonner, dans ces conditions, que les discours populistes puissent prospérer sur la promesse, parfaitement formulée par les promoteurs du Brexit – qui ne la tiendront évidemment pas – de « reprendre le contrôle » ?

Tirer collectivement les leçons de la crise

C'est la raison pour laquelle il y a bien urgence à tirer les leçons de la crise. Pourquoi et comment nous sommes redevenus capables de faire ensemble ? Et pourquoi nous ne sommes pas parvenus, malgré tout, à forger dans cette crise un collectif qui nous porterait vers la suite ? Qu'est-ce qui pourrait nous permettre, collectivement, de nous « désempêcher » – ce qui ne signifie pas se libérer d'autrui et de l'obstacle qu'il constitue, mais bien au contraire de retrouver la capacité de construire et faire avec lui, d'éprouver la force effective que donne l'action collective ?

C'est cet objectif que se donne cet ouvrage : il entend mettre en lumière les racines profondes du sentiment d'empêchement et identifier quelques grandes directions pour retrouver la voie de la pensée et de l'action partagées. J'ai cru sentir, autour de moi, monter ce rejet viscéral de l'immobilisation de nos vies et de nos sociétés que nourrit l'empêchement. Je suis convaincu que nous sommes nombreux à vouloir faire, c'est-à-dire à faire plus et à faire ensemble. Il faut nous en donner les moyens et en identifier les conditions.

Choisir l'ouverture

Je crois enfin que pour sortir pour de bon de cette crise, c'est-à-dire pour entrer enfin dans « l'après » que nous aurons pensé et construit ensemble, des collectifs sociaux devront se reconstituer : nous avons été séparés pendant des mois et même des années ; nous avons connu de profonds bouleversements dans nos vies, des deuils, des ruptures, des réorientations ; nous avons besoin de renouer et de reconstruire. Sur le plan strictement politique, il n'y a pas à mes yeux de question plus importante que de celle de savoir si ces collectifs qui vont émerger ou qui émergent déjà auront pour principe le mouvement et l'action commune au service du plus grand nombre ou s'ils seront portés par le besoin de se protéger en se séparant, c'est-à-dire de se refermer sur soi en faisant porter la faute sur les autres.

Il y a, chez Henri Bergson, une distinction nette et éclairante faite dans *Les Deux Sources de la morale et de la religion* entre deux manières différentes de penser et de faire : l'une est marquée par la clôture ; l'autre par l'ouverture ; la première conserve, regroupe, sépare ; la seconde construit, unit et rassemble ; la première ancre le présent dans le passé, la seconde trouve dans le présent la force et l'élan qui conduisent vers un avenir. J'ai lu ces pages de Bergson en étudiant la philosophie il y a dix-huit ans. Je n'y avais à peu près jamais repensé depuis. Il me semble que ce qui se joue aujourd'hui est précisément de savoir si nous avons en nous la force pour nous ouvrir et pour avancer ensemble ou si nous cédons au confort de la segmentation et de la fragmentation. Ce choix est collectif, non pas au sens où il émergerait d'une échéance électorale, mais parce qu'il est le produit des choix individuels. Ces choix ont des effets les uns sur les autres : l'ouverture appelle l'ouverture, l'action appelle l'action. D'ores et déjà, les forces de la fermeture s'organisent et se retrouvent dans de premiers mouvements. Il est temps que les amis de l'ouverture s'organisent à leur tour, que tous ceux qui veulent faire, qui veulent agir, à leur échelle comme à des échelles plus larges, qui ne supportent plus l'immobilité quotidienne et qui trouvent de la joie dans l'action prennent conscience du fait qu'ils ne sont pas seuls et qu'à côté d'eux, pas bien loin, il y en a trente, cent, mille autres qui sont prêts à leur apporter un peu de leur force et de leur énergie pour faire.

Si ce livre peut contribuer à les réunir, il aura largement atteint son objectif.

Chapitre 2
De la nécessité du leadership intellectuel

Les volontaires de crise ou l'union des bonnes volontés

Affronter la crise, c'est vivre des moments où l'intensité de l'enjeu soude et transfigure, où le collectif se construit de lui-même et où chacun trouve sa place, sans plan prédéfini, parce que les circonstances l'exigent. J'ai vécu des moments comme ceux-là et je ne pourrai jamais les oublier : comme bien d'autres, j'ai vu, à la fin du mois de mars 2020, affluer par dizaine les volontaires avenue Duquesne – souvent très jeunes, parfois issu de la haute fonction publique et trouvant dans la crise l'occasion de réaliser leur vocation, parfois issu des établissements de santé et ayant accepté de tout quitter pendant quelques semaines pour venir contribuer à la gestion de crise au ministère de la Santé, parfois enfin venus d'ailleurs, mais ayant répondu à l'appel d'un ami ou d'une connaissance. Des processus de recrutement théoriques existaient. En pratique, ils étaient en permanence dépassés par le besoin d'élargir très rapidement les équipes et de pouvoir compter sur tel ou tel type de profil. Le bouche-à-oreille et les relations interpersonnelles permettaient d'aller vite. Chaque arrivée en déclenchait de nouvelles et dès le lendemain, le fraîchement recruté devenait lui-même recruteur : la tâche était immense et plus que la compétence sur le papier, c'étaient l'engagement et les relations de confiance qui comptaient plus que tout.

Des équipes improbables ont ainsi vu le jour et force est de constater qu'elles ont bien fonctionné. Pour ne donner qu'un seul exemple, la « cellule tests » dont j'avais la charge et qui essayait de construire, en avril 2020, une stratégie et une capacité nationale de dépistage du Covid-19 en vue du premier déconfinement se composait notamment de jeunes hauts fonctionnaires, de professeurs de médecine, d'experts biomédicaux, de pharmaciens, mais aussi de la directrice générale de CNRS Innovation qui avait accepté de venir m'épauler pour coordonner tout cela – et même d'un jeune stagiaire polytechnicien qui, comme de juste, était en charge des chiffres.

C'est cette équipe qui est parvenue à mettre sur pied une stratégie de dépistage qui puisse être à peu près à la hauteur de l'enjeu du déconfinement et de la rendre opérationnelle. Il ne fait guère de doute, au demeurant, que d'autres équipes différemment composées auraient atteint le même résultat. Mais c'est précisément mon point : l'expertise n'est pas l'alpha et l'oméga de tout, loin s'en faut, et une petite équipe de gens capables et motivés est en mesure d'accomplir autant, voire plus qu'un groupe d'experts patentés, si tant est qu'elle s'appuie sur la compétence là où elle est.

L'empêchement se vit d'abord dans les esprits

Nous vivons dans un monde où la survalorisation de l'idée de compétence fait problème, dans la mesure où l'expertise semble avoir colonisé tous les registres de la vie professionnelle et devenir une fin en soi plutôt qu'un moyen au service de l'action commune. Je ne vise aucunement ici les scientifiques, bien au contraire : pour autant que je sois capable d'en juger, la science a été à la hauteur durant la crise sanitaire : le conseil scientifique a parfaitement rempli son office, avec honnêteté et courage, faisant, à chaque étape de l'épidémie, le point sur ce que nous savions, sur ce que nous ne savions pas encore et sur les options qui pouvaient rationnellement être envisagées.

Il est pour le moins curieux qu'un débat ait pu exister sur la place respective des scientifiques et des politiques. Il traduit le poids d'une culture politique française où tout ou presque doit céder au politique et la puissance d'un esprit technocratique fondé sur l'omnicompétence réelle ou supposée. Toujours est-il que ce débat n'avait aucun sens : l'état du savoir scientifique à date est de l'ordre du fait, un fait qui se discute et se construit dans un champ intellectuel déterminé, mais qui ne s'apparente, en aucune manière, à une décision, laquelle intervient, par définition, lorsque plusieurs options sont possibles.

Modéliser les scénarios possibles d'évolution de l'épidémie, par exemple, ne traduit aucune forme de décision politique implicite de ceux qui les élaborent. Chercher à dire le vrai, à dire ce que sont les choses ou ce que l'on pense qu'elles sont, cela n'a rien à voir avec le fait de prendre une décision politique, c'est-à-dire de trancher entre des voies possibles et d'en assumer les conséquences. Il arrive régulièrement que ces options ne soient pas équivalentes et que l'une semble s'imposer d'elle-même : dans cette hypothèse, ce n'est pas la science qui force la décision, ce sont les faits qui l'imposent. Imaginer qu'il puisse y avoir partout et tout le temps d'autres options à la fois possibles et souhaitables est, en soi, une erreur d'analyse, lorsque ces options procèdent d'une analyse des faits. Le propre d'une crise, dans ses toutes premières semaines au moins, c'est qu'elle force les décisions. Si cette erreur a pu être commise aussi régulièrement, c'est qu'une confusion permanente règne, dans les esprits, entre le savoir et le savoir-faire, les deux étant englobés dans une vase notion fourre-tout d'expertise. Or mal distinguer ce qui relève du savoir-faire et du savoir, c'est prendre le risque permanent de ne plus savoir ce qui est réellement possible et ce qui est réellement impossible, ce qui relève de l'ordre du nécessaire et ce qui relève du champ du contingent. C'est ne plus pouvoir mesurer justement sa capacité d'action, c'est ne plus savoir ce qui peut être fait différemment et ce qui ne peut pas.

C'est cette confusion permanente entre le régime du savoir et du faire, entre la connaissance et l'action qui explique une large part du sentiment de pesanteur que nous sommes si nombreux à éprouver aujourd'hui : vouloir agir, c'est se heurter à des expertises qui ne communiquent pas entre elles et qui ne sont pas mises au service d'un projet, mais deviennent des fins en soi et qui dessinent chacune des univers mentaux clos et séparés. Se sentir empêché, ce n'est pas être confronté à des tiers qui ne veulent pas vous aider, c'est bientôt plutôt être confronté à des tiers qui ne savent pas vous aider, au double sens où ils n'imaginent pas que leur mission première soit de contribuer à une tâche collective dont ils seraient eux aussi les acteurs et où ils ne sont pas en mesure de construire une réponse à votre besoin, qui reste extérieur à leurs yeux.

L'empêchement n'est pas le fruit de l'individualisme

C'est pourquoi la question de l'empêchement ne doit pas être abordée sous un angle d'abord moral, comme s'il s'agissait d'une variante du problème largement rebattu de l'individualisme, compris comme un enfermement de l'individu dans la vision de ses propres intérêts. La première source de l'empêchement est l'enfermement mental qui caractérise les sociétés avancées, organisées, éduquées qui sont les nôtres, où l'expertise occupe une place centrale et où savoir et savoir-faire sont partout confondus. Il est en effet d'usage, lorsque l'on s'efforce de décrire l'individualisme qui caractériserait nos sociétés, de le faire sous une forme morale : ce qui séparerait les individus, ce seraient leurs intérêts divergents et l'individualisme se présenterait d'abord sous la forme d'une fragmentation sociale induite par une diversité et une divergence des intérêts individuels, incompatibles entre eux et sans mécanisme spontané d'arbitrage ou de sublimation qui permettrait de les mettre en cohérence. En somme, nous vivrions dans un monde où chacun verrait midi à sa porte et serait libre de poursuivre son intérêt, situation qui rendrait d'autant plus nécessaire l'existence d'autorités sociales ou politiques en charge de penser et de faire advenir quelque chose comme un bien commun ou une forme d'intérêt général. Cette description, qui conduit assez naturellement à faire de l'individualisme une forme de conséquence directe de la libération croissante de l'individu dans les sociétés qui sont les nôtres, ne paraît pas suffisante pour expliquer la fragmentation croissante des collectifs sociaux que nous connaissons à l'heure actuelle. Car celui-ci ne s'exprime pour l'essentiel pas sous une forme morale, mais sur un registre qui est d'abord mental.

La fragmentation à laquelle nous nous heurtons est d'abord celle des manières de penser et des manières de faire.

Que la libération individuelle renforce l'autonomie de chacun, qu'elle ouvre un espace grandissant pour une vie privée où chacun s'affirme librement, c'est bien la moindre des choses, et il n'est pour ainsi dire pas surprenant que l'exercice par chacun de cette liberté rende plus difficile la construction de points de repères ou de projets communs. Ce qui est plus surprenant, en revanche, c'est que la part de nos vies qui s'inscrit par essence dans un cadre collectif large, c'est-à-dire, pour l'essentiel, la part de nos existences consacrée à l'activité professionnelle, semble de moins en moins en mesure de nous redonner une sorte de sens concret du collectif.

L'empêchement, fruit de la vie collective

Pourtant, le monde professionnel est un cadre où nos marges de liberté sont infiniment plus réduites, où nous ne choisissons pas la grande majorité des gens que nous rencontrons et avec lesquels nous travaillons, un cadre qui par nature implique que nous acceptions de construire et de participer à des entreprises collectives. À défaut d'être un lieu de réalisation personnelle, il devrait être l'espace dans lequel nous touchons du doigt la dimension collective de nos existences et notre capacité collective à faire. Après tout, une entreprise, un service public, une administration sont des communautés sociales instituées dont la vocation même est de produire, d'agir ou d'intervenir dans le monde. D'où vient alors que la vie professionnelle soit devenue l'un des lieux privilégiés où s'exprime le sentiment d'empêchement ? Il est bien sûr possible de répondre en croyant voir dans ce constat l'expression d'une évidence : après tout, le monde professionnel est celui où nous sommes placés dans une relation de subordination, où nous ne sommes que des parties d'un tout et où les individus que nous sommes, qui peuvent se croire souverains dans leur vie individuelle, feraient l'expérience de leur limitation par autrui. Mais ce n'est pas de cela qu'il s'agit dans l'expérience de l'empêchement. C'est même tout le contraire : se sentir empêché, c'est vouloir faire, conformément à la mission que l'on s'imagine avoir au sein de l'institution ou de l'entreprise à laquelle l'on appartient, c'est vouloir accomplir sa tâche avec le concours des autres et ne pas y parvenir parce que le collectif réputé devoir porter cette tâche semble en vérité l'ignorer ou en faire une priorité de second ordre.

De même, il serait un peu court d'affirmer que le sentiment d'empêchement ne serait que l'autre visage du nécessaire compromis impliqué par toute vie collective. L'empêchement n'est pas l'autre nom de la naïveté de celui ou de celle qui s'imagine que son point de vue est central et qui n'accepterait aucune forme de compromis. Là aussi, c'est même tout le contraire : l'expérience de l'empêchement, c'est celle de l'impossibilité du compromis, au sens où inscrire un sujet ou un projet à l'agenda collectif, le faire cheminer avec le soutien ou à tout le moins la contribution de chacun devient peu ou prou impossible ou en tout cas tellement difficile que les individus finissent par s'épuiser dans cet effort interminable.

La démultiplication des cadres de pensée

L'empêchement est le signe de l'absence croissante de collectif – ou de sens du collectif – et cette absence doit d'autant plus être prise au sérieux qu'elle se manifeste au premier chef dans la part de nos vies qui devrait être la plus collective. Elle ne peut s'expliquer par une simple divergence des intérêts, dans la mesure où la vie professionnelle regorge de mécanismes d'arbitrages entre ces intérêts divergents : c'est le rôle même d'un dirigeant ou d'un cadre supérieur que de devoir, toute la journée, rendre des arbitrages de ce type, pour faire converger des intérêts. La racine de cette disparition croissante du collectif est donc nécessairement autre et à mes yeux, elle est d'abord intellectuelle, au sens où ce qui empêche la convergence, c'est l'hétérogénéité croissante des cadres de pensée entre composantes et sous-composantes des organisations sociales, mais aussi entre champs professionnels, hétérogénéité qui conduit à rendre en permanence plus difficile, voire impossible, la conciliation de points de vue qui s'exprime dans des termes profondément différents.

Par cadre de pensée, j'entends l'ensemble des manières de raisonner et des savoir-faire propres à un champ professionnel ou à une composante interne d'une organisation, qui, une fois additionnées, structurent une vision particulière de ce qu'il est possible, sensé et souhaitable de faire et de ce qui ne l'est pas. Pour prendre deux exemples formulés de manière caricaturale, la composante juridique d'une organisation analysera et interprétera une situation et des projets possibles à l'aune des risques juridiques ; la composante financière, quant à elle, prendra en compte son niveau de risque et son impact financiers finaux ; et ainsi de suite.

Parce qu'il embrasse les différentes dimensions de la vie sociale, l'État est sans doute l'organisation sociale qui, en France du moins, a poussé à l'extrême la reconnaissance de cette diversité des manières de raisonner, qui, chaque fois, correspond bien à une diversité effective des champs de la vie sociale : répondre aux difficultés du monde agricole, cela n'est pas répondre aux difficultés du monde hospitalier, par exemple. La sphère publique se structure ainsi autour de ministères, en charge de conduire les politiques dans des champs déterminés, tandis que le rôle propre du Premier ministre et de l'appareil interministériel construit autour de Matignon est de prendre en charge tout ce qui relève de plusieurs ministères, de conduire les politiques communes et de rendre les arbitrages nécessaires à la résolution des éventuelles tensions ou contradictions.

Cette fragmentation se retrouve dans l'ensemble des grandes organisations, privées et publiques. Elle paraît du reste profondément naturelle : il faut bien diviser le travail et mieux vaut, pour agir dans un domaine déterminé, le connaître en profondeur et détenir l'expertise nécessaire. Pourtant, quiconque est confronté, quotidiennement, à la vie de telles structures ne peut se déprendre d'un certain malaise, dont le sentiment d'empêchement est l'une des expressions. Ce malaise peut se formuler ainsi : essayer de faire, dans de telles organisations, c'est découvrir que tout ou presque est toujours compliqué, comme si chaque question, chaque décision, chaque option supposait d'avoir en tête des dizaines de difficultés latentes, qui se présentent en général sous une forme à la fois intellectualisée et exagérée. Intellectualisée, parce que toute question est présentée comme une question de principe, c'est-à-dire à la fois inédite, ayant vocation à faire jurisprudence, à devenir partie intégrante d'une doctrine. Exagérée, parce que chaque question est présentée comme ayant des conséquences considérables, qui exigent que la décision soit mûrement pesée.

Toutes les bonnes raisons de ne pas faire

Pour donner un exemple au lecteur, qui percevra ainsi immédiatement le décalage qui peut exister entre l'importance réelle de la question et ses modalités de traitement, l'une des questions qui reviennent très régulièrement dans la vie administrative – et peut-être même dans la vie des organisations privées – est la suivante : si jamais il fallait faire quelque chose, qui devrait le faire ? Et cette question ouvre immédiatement un vaste champ de discussion : qui de tel ou tel ministère, qui de telle ou telle direction d'administration centrale, qui de l'échelon national ou de l'échelon déconcentré, qui parmi les échelons déconcentrés ? La capacité de cette question à mobiliser et à épuiser les énergies est tout simplement étonnante, mais à dire vrai, cela se comprend : en arrière-fond, se jouent des rivalités anciennes, entre ministères, entre directions, entre échelons déconcentrés. Mais le plus étonnant est que cette question du « qui devrait faire ? » finit toujours, à un moment ou à un autre, par prendre le pas sur la question du « que faudrait-il faire ? ». Il serait possible d'imaginer que ce type de tensions soit l'occasion, pour les différentes structures en concurrence, de s'affirmer en construisant des projets différents. Il n'en est bien souvent rien : la question de savoir qui devrait faire se suffit à elle-même, est elle aussi posée comme une question de principe et doit être tranchée de manière préalable.

J'ai, à titre personnel, construit l'intégralité de mon exercice professionnel sur le refus de cette question, parfois au grand désespoir de mes équipes qui ne comprenaient pas pourquoi il fallait que nous nous occupions de sujets qui ne relevaient pas de notre compétence. Ma réponse était toujours la même : si nous ne le faisons pas, qui le fera ? Car en général, les entités qui, à un moment donné, revendiquaient de faire étaient les mêmes qui, jusqu'alors, ne s'étaient jamais vraiment saisies de la question.

Une fois tranchée la grave question de la compétence, se pose la question de ce qu'il faudrait précisément faire et surtout du « comment », qui, à son tour, amène, en général, à affronter un niveau de complexité intellectuelle redoutable, tant, là aussi, se posent des questions multiples posées par l'ensemble des parties prenantes possibles de l'action en question. Agir, dans les sociétés qui sont les nôtres, c'est en effet mettre en branle toutes les forces d'organisations dont la taille est désormais sans commune mesure avec notre capacité d'embrasser d'un seul regard un territoire, un sujet, une équipe. C'est solliciter l'avis de juristes, de financiers, d'experts du métier, c'est devoir articuler la conduite des opérations entre un niveau central, un niveau de proximité – c'est-à-dire celui qui fera vraiment, une *business unit* dans le langage du privé – et des niveaux intermédiaires réputés intégrer la régulation du niveau de proximité pour le compte du niveau central.

Nous avons rendu les choses plus compliquées qu'elles ne le sont

À dire vrai, je ne peux me déprendre, à l'usage, de l'impression que cette fragmentation des organisations n'est pas l'expression d'une plus grande complexité de la réalité qui demanderait que nous nous organisions de manière aussi raffinée. Ce ne sont pas d'abord les choses qui sont plus compliquées, c'est bien plutôt nous qui, collectivement, les avons rendues plus compliquées. Il faut dire que dans l'ensemble du champ des activités humaines, le niveau d'exigence intellectuelle embarquée par une activité est sans aucune commune mesure avec ce qu'il pouvait être il y a encore cinquante ou cent ans. Quel que soit le type d'activité professionnelle, le savoir et le savoir-faire implicites mobilisés pour faire quelque chose ont augmenté de manière très significative. Cela est cohérent avec l'élévation constante du niveau de qualification dans nos sociétés, qui nourrit en retour ce phénomène : des personnes toujours plus formées et toujours plus qualifiées qui exercent une activité perfectionnent sans aucun doute les manières de faire et de raisonner dans ce champ. A ainsi émergé un univers où nous devenons tous de petits ou de grands experts dans nos champs d'activité.

C'est cette expertise qui, aujourd'hui, devient un frein pour la capacité collective à faire, dans la mesure non seulement où elle génère, pour tout projet ou pour toute décision, une vaste gamme de discussions possibles sur tel aspect du projet ou de la décision, mais où surtout le niveau d'expertise requis pour comprendre les enjeux dans chacun des champs professionnels devient bien souvent incompatible avec l'idée d'une culture générale commune qui permettrait aux uns et aux autres de se comprendre, même lorsqu'ils ne sont pas experts des mêmes sujets.

Ce constat, aussi sommaire soit-il, permet de toucher la situation d'enfermement croissant dans un cadre de pensée déterminé qui caractérise aujourd'hui la vie professionnelle. Il s'agit bien d'un enfermement de la pensée. Les savoirs et savoir-faire professionnels structurent le champ des possibles et ces champs, vu de domaines d'expertise différents, communiquent de moins en moins entre eux. Une telle affirmation n'est pas gratuite : ce qui définit l'expert ou le spécialiste, c'est qu'il est expert ou spécialiste d'un sujet déterminé et qu'il reconnaît, en retour, qu'il ne l'est pas des autres sujets, sur lesquels il sollicitera l'avis des experts ou spécialistes reconnus. En ce sens, le propre de l'expert est de reconnaître qu'il dispose d'un savoir partiel ou incomplet. Intellectuellement, cela est d'une grande honnêteté. Pratiquement, cela signifie que l'expert ne sentira jamais légitime à aller sur un autre terrain que le sien. Depuis que j'ai commencé ma vie professionnelle, j'ai entendu mille fois répéter par des interlocuteurs avec qui je travaillais une phrase qui m'exaspère toujours au plus haut point : « je ne suis pas spécialiste » de ceci ou de cela et donc je suis incapable de répondre à telle ou telle question simple qui est le préalable à telle forme d'action directe. En général, cette phrase est prononcée dans un contexte où la réponse est pourtant d'une évidence absolue. Elle est pourtant emplie de bonne foi : celui qui affirme ne pas pouvoir être spécialiste croit réellement ne pas être légitime pour y répondre, quand bien même il s'agit d'une évidence. Le pire est que tant qu'un spécialiste, c'est-à-dire une personne légitime à ses yeux, n'y aura pas répondu, il se trouvera bloqué et attendra désespérément que l'évidence lui soit confirmée pour avancer. C'est dire que nous avons atteint une forme de paralysie par fragmentation : pour réussir à faire quelque chose, il faut, dans certaines institutions, réunir un nombre d'experts qui est manifestement déraisonnable lorsqu'on le rapporte à la complexité du sujet traité, comme si nous avions perdu toute aptitude naturelle à transgresser les frontières des savoirs et savoir-faire établis. Comment, dans ces conditions, espérer que nous soyons capables de régler les questions profondes et complexes qui caractérisent notre vie collective ?

Nous sommes dépassés par la complexité réelle

Or c'est ce qu'impose par nature l'action dans les organisations que je décrivais à l'instant : mener une politique publique, qu'il s'agisse d'éduquer la jeunesse, de soigner les malades, de garantir la sécurité publique, d'assurer le développement de l'économie, de protéger l'environnement, tout cela exige, par définition, de transgresser les frontières des expertises, d'organiser des systèmes complexes, de prendre des décisions. Il en va de même dans les entreprises, quand il faut mettre au point de nouveaux produits ou services, ouvrir de nouveaux marchés et ainsi de suite. Il y a un contraste saisissant entre la largeur des buts que nous nous donnons collectivement, ce qu'ils engagent, et l'étroitesse des expertises en nombre que nous devons solliciter pour les mener à bien. En pratique, ce contraste a des effets : il conduit, en général, ceux qui essaient de décider ou de coordonner, à consacrer l'essentiel de leur temps à essayer de comprendre les difficultés soulevées par les experts professionnels mobilisés, pour voir si elles compromettent ou non la réalisation du projet et si elles peuvent être résolues simplement ou non. Car ce travail de dépassement des réflexions spécialisées, ce ne sont, en général, pas les experts eux-mêmes qui le conduisent. À leurs yeux, je l'ai dit, il ne relève pas de leur compétence et, bien souvent, ils ne conçoivent pas qu'il relève de leur champ d'action et ne savent tout simplement pas comment le mener. C'est cela que je qualifie d'enfermement intellectuel : quand cinq ou dix personnes, par ailleurs extrêmement compétentes, souvent dévouées et de bonne volonté, ne parviennent pas à imaginer une manière de dépasser leurs points de vue de spécialistes pour construire une synthèse, il y a bien enfermement et c'est bien parce qu'il est intellectuel, parce qu'il ne traduit pas une mauvaise volonté, mais une forme d'incapacité acquise, qu'il est aussi profondément préoccupant.

La force de l'habitude

Nous avons progressivement donné ses lettres de noblesse intellectuelles à toutes les formes d'habitude et d'expérience, au point de penser que la manière dont l'on fait usuellement les choses dans tel ou tel champ d'activité est la seule possible et de fonder ce constat sur la base d'un discours intellectuel élaboré, expliquant pourquoi les habitudes prises et les usages reçus par telle ou telle catégorie professionnelle étaient manifestement les bons, c'est-à-dire non pas seulement les plus sages et les plus avisés, mais aussi et surtout les seuls possibles et les seuls envisageables. Lorsque je dis cela, je ne porte aucune forme de jugement sur le savoir pratique, bien au contraire. Il se trouve que j'ai été formé à l'école de disciplines essentiellement théoriques, quoique dans le champ des sciences humaines et sociales, et que ma vie professionnelle est intégralement consacrée, depuis des années, à l'action publique qui mobilise, en permanence, des savoir-faire dont la dimension intellectuelle est parfois indiscutable. Il ne s'agit donc en aucun cas à mes yeux de distinguer ce qui relèverait du champ du savoir authentique et ce qui n'en relèverait pas. Il s'agit de reconnaître que dans le champ du savoir théorique, les choses sont ou ne sont pas et qu'à dire vrai, elles ne peuvent l'essentiel du temps être différentes de ce qu'elles sont. Dans le champ du savoir-faire, en revanche, il serait toujours possible de faire différemment : rien n'est gravé dans le marbre. C'est au demeurant ce qui fait tout l'intérêt de l'action : faire se réaliser des choses qui auraient pu ne jamais se réaliser. Et pour faire et bien faire, il faut s'appuyer sur la somme des expériences acquises et sur les cadres sociaux qui rendent possible la coexistence des individus et des activités. Cela engage une intelligence considérable, mais rien, dans l'univers pratique – à l'exception de toute la partie technique de l'activité humaine – n'est de l'ordre de la vérité nécessaire et intangible. Le propre du monde de l'action, c'est que l'on pourrait toujours faire autrement, pour une partie du moins. Le risque, pour qui pense en expert, c'est de l'oublier.

Du mauvais usage des savoir-faire

Cette tendance à hypostasier le savoir-faire pour en faire un savoir de nature théorique est l'une des caractéristiques les plus puissantes de nos sociétés contemporaines. Elle conduit, en permanence, à limiter le champ des possibles en excluant que ceci ou cela puisse être fait non pas par conservatisme, mais par excès d'intellectualisation. Ceci explique au demeurant que les manières de raisonner ne puissent communiquer : comment, en effet, imaginer que le partage de points de vue puisse rendre possible ou souhaitable ce qui, aux yeux de certains, ne l'est pas par nature ? *In fine*, le seul mode de départage possible, dans ces situations, est l'arbitrage, c'est-à-dire l'intervention d'une instance tierce, chargée de prendre un parti et disposant de l'autorité pour le faire, puisque le compromis devient, dans ces conditions, impossible par principe. Au passage, cet arbitrage est toujours vécu comme politique, c'est-à-dire comme légèrement suspect parce qu'arbitraire. Aux yeux de ceux qui pensent ainsi, c'est un mal nécessaire, un mal dont il convient toujours de se méfier un peu.

Cette tendance à l'intellectualisation des savoirs et savoir-faire pratiques est nourrie par d'autres évolutions, mieux connues et mieux décrites. Il va en effet de soi que la taille grandissante des organisations, qu'elles soient publiques ou privées, conduit à renforcer la distance qui sépare les individus que nous sommes et le résultat final recherché. Il n'y a là rien de surprenant, mais la tendance à la concentration des organisations d'une part et à la division des tâches ne cessant de produire leurs effets, elles augmentent cette distance, qui favorise encore un peu plus l'intellectualisation des pratiques professionnelles. Tout cela n'a pas seulement pour effet de mettre en question le sens même du travail de chacun, mais aussi et peut-être même surtout d'enfoncer chacun d'entre nous dans une alternative peu séduisante : ou bien accepter cet état de fait et avoir une vision purement alimentaire de son emploi ; ou bien cultiver son expertise théorique, en faisant, dans l'un et l'autre cas, l'impasse non pas seulement sur le sens – terme dont le vide est souvent criant – mais surtout sur la signification effective de son activité quotidienne.

Il se trouve sans nul doute des lecteurs pour, à ce stade du propos, considérer qu'il est outré. À ceux-là, je me permets de poser une question simple : sont-ils en mesure, le soir, lorsqu'ils rentrent chez eux, d'expliquer simplement à leurs proches ce qu'ils ont fait dans la journée ? Je gage que souvent leur réponse sera négative, non pas parce que leur activité n'aurait pas de sens, mais parce qu'il faut pour l'expliquer reconstituer tout un contexte et mobiliser des expertises qui ne se partagent pas aisément.

Que le lecteur ne s'y trompe pas : aucune des lignes qui précèdent n'a pour objet de mettre en cause l'utilité des savoirs et savoir-faire pratiques qui sont mobilisés, chaque jour, dans les entreprises et les administrations. Cette utilité ne fait aucun doute. Ce qui est en question, c'est notre capacité collective à les mobiliser au service d'une action collective qui soit encore perçue comme telle – à la fois comme une action et comme un résultat collectif. Car tout cela a bien des effets sur la capacité des individus à demeurer convaincus qu'ils sont capables d'agir ensemble – et ce faisant, d'être sujets de leur histoire collective. J'ai eu l'occasion de l'écrire plus haut, il me semble que ce sentiment ne cesse de décroître et c'est à mes yeux l'une des évolutions les plus préoccupantes sur le plan politique. Cela a également des effets sur notre représentation du champ des possibles lui-même, qui se présente désormais bien plutôt comme une cartographie des impossibilités de principe que comme une vision complète des différentes options envisageables, entre lesquelles nous aurions le luxe de choisir à condition de nous en donner les moyens.

Un nouveau péril, l'extension du domaine de la norme

Cette dernière évolution est entretenue par une seconde évolution profonde, qui conduit à nous donner le sentiment de nous débattre dans un tissu d'impossibilités : l'extension permanente du périmètre de la norme. Il y a en effet deux manières de fermer le champ des possibles : l'une est de dire qu'il ne peut en être autrement, puisque les choses bien conçues sont ainsi faites ; l'autre est de dire qu'il ne doit pas en être autrement et qu'à supposer que des alternatives soient possibles, elles se trouvent ne pas être souhaitables. Ces deux manières de réduire les possibilités ouvertes sont les deux faces d'une même pièce, comme en témoigne la notion vague, mais désormais largement répandue de « bonnes pratiques », c'est-à-dire de pratiques dont on fait une norme parce que l'on a le sentiment, plus ou moins étayé, qu'elles sont fondées en raison ou en fait.

Le contenu de la norme devient de plus en plus procédural au sens où elle traite de moins en moins de ce qui doit être fait pour dire de plus en plus comment cela doit être fait, ouvrant ainsi la voie à un luxe de détails et de précisions possibles qui ont une signification réelle au regard d'un exercice professionnel déterminé, mais ne méritent sans doute pas d'être élevés au rang d'obligations sociales dont le non-respect devrait être sanctionné par autre chose que par les communautés professionnelles elles-mêmes. Cela conduit, là aussi, à restreindre le champ des possibles, en limitant le périmètre des arbitrages envisageables et en privant l'autorité qui serait en mesure de passer outre *in fine* de la possibilité de le faire, sauf à se mettre elle-même dans une situation de risque juridique. Elle renforce également l'absence de communication possible entre les manières de raisonner, puisque chacune de ces manières peut désormais prendre appui sur un corpus juridique, de plus en plus épais, qui fait du respect de ces manières de raisonner une obligation, au point parfois de poser la question de savoir, sur le plan strictement théorique, si la conciliation de ces obligations est encore possible.

Reconnaître la possibilité de l'imprévisible

Il y a, dans cette manière particulière de confondre le champ du droit, celui du savoir et celui de la bonne manière de faire, un trait caractéristique de notre époque – une sorte de tendance à essentialiser et à intellectualiser toutes les facettes de l'activité humaine, à affirmer que tout est prévisible, que tout est anticipable et qu'il y a, dans toute situation, une seule chose à faire et une seule bonne manière de la faire – et qu'il est même possible de le savoir *a priori*, de sorte que l'échec est nécessairement la traduction d'une erreur intellectuelle. Mais ces évidences – à supposer qu'elles le soient – sont toujours rétrospectives. Pour le dire autrement, elles ne sont évidentes que pour qui connaît la fin de l'histoire. Cette illusion rétrospective hante et parasite nos débats publics et alimente une tendance à la judiciarisation *a posteriori* qui fait évidemment problème.

Je dois dire, sur la base d'une expérience évidemment personnelle et limitée, que la réalité au cœur de l'action est tout autre : le plus difficile, lorsque l'on s'efforce de faire, lorsque l'on se situe dans le champ de l'action, voire de la responsabilité publique, c'est précisément de réagir à ce qui n'est pas prévisible et qui ne l'était pas, ce qui suppose d'essayer de garder la lucidité nécessaire pour comprendre que ce que l'on a sous les yeux n'est absolument pas ce que l'on s'imaginait et en tirer rapidement toutes les conséquences. Aussi curieux que cela puisse paraître, comprendre que l'on a affaire à quelque chose de profondément différent et nouveau est une des choses les plus difficiles qui soient. Dans ce contexte, on ne peut que tâtonner, apprendre au fur et à mesure et adapter la réponse chaque fois que l'on comprend un peu mieux la réalité du problème. Si la crise doit avoir une vertu, c'est celle de nous ramener à une forme d'humilité : l'imprévisible s'est rappelé à notre bon souvenir et face à lui, l'essentiel n'est pas de chercher quelle serait la bonne manière de réagir dans l'absolu – on ne le saura qu'à la fin, une fois que tout sera dit et compris – mais bien plutôt de faire, de faire vite et de faire quelque chose qui ait une portée et une signification réelles.

Face à l'esprit de corps, faire prévaloir les fins

Le remède aux maux que nous décrivons dans ce chapitre est somme toute assez simple : il est d'abord de prendre conscience de la puissance des identités sectorielles et professionnelles, qui entretient, par le biais d'une défense et illustration de la compétence, l'esprit de corps qui fait partie de notre histoire politique et sociale. Il est ensuite de les combattre, non pas en niant l'existence de l'expertise, mais en faisant, en permanence, prévaloir la fin sur les moyens, c'est-à-dire en exerçant l'un des rares privilèges des dirigeants, quels qu'ils soient, qui est l'inscription à l'agenda collectif d'un sujet, en exigeant que chacune des composantes internes d'une organisation explique la manière dont elle va effectivement contribuer au succès du projet collectif. Il l'est enfin en replaçant, en permanence, la finalité concrète d'une action ou d'un projet au cœur des discussions, chaque fois qu'elles dérivent vers des considérations de conformité, de régularité ou de soutenabilité, qui doivent être prises en compte, mais qui, sauf exception, ne sauraient constituer le cœur du sujet en lui-même.

Au niveau politique, la question, cent fois rebattue sans que cela ne produise quelque effet que ce soit, est celle de l'inflation normative. À cet égard, il faut dire les choses : l'origine de cette inflation n'est pas un tropisme normalisateur de l'administration ou en tout cas, si ce tropisme existe, il ne saurait suffire à expliquer à lui seul la prolifération de la norme. Cette inflation, ce sont en effet les acteurs sociaux qui la réclament – et d'abord ces corps professionnels qui définissent leur identité par référence à un ensemble de bonnes pratiques dont ils entendent qu'elles s'imposent à tous et dont ils font, bien souvent, une arme pour organiser la concurrence en leur sein ou la supprimer à leurs marges. Pour avoir participé à différents exercices de simplification, je peux témoigner de leur extrême difficulté : quand on confie à l'administration centrale le soin de le réaliser, elle identifie peu de procédures ou de règles inutiles. À dire vrai, c'est heureux, tant il est peu probable que quiconque ait jamais voulu prendre une réglementation pour le simple plaisir de normer. La vraie question est de savoir si la norme est effectivement utile : si cela n'est pas évident en soi, un principe de parcimonie normative devrait s'appliquer. Quand c'est à l'administré ou à une administration déconcentrée que l'on confie le soin de travailler à la simplification, il est frappant de constater à quel point cela aboutit, en général, à identifier comme objet de la simplification des principes ou des procédures qui sont, à l'évidence, difficiles, voire impossibles à remettre en cause, sauf à abolir le droit des marchés publics ou à revoir l'ensemble du droit de la fonction publique. Longtemps, j'ai formulé ce constat en pensant qu'il exprimait la difficulté à nourrir des propositions de réforme de la réalité du terrain et j'y ai trouvé un motif de frustration. J'ai changé d'avis sur ce sujet : si tant d'agents publics réclament spontanément des simplifications qui équivaudraient, en réalité, à une remise en cause des principes fondamentaux du droit de la commande ou du droit de la fonction publique, c'est qu'en réalité, le degré de complexité et de contrainte atteint par ces normes est désormais incompatible avec le maintien d'une capacité effective de faire.

Il ne fait guère de doute qu'un même constat pourrait être formulé dans le champ du droit privé. À dire vrai, quelques décennies de critique libérale en ont fait une forme de lieu commun qui a permis à d'authentiques simplifications d'être réalisées, non sans difficultés politiques, notamment en matière de droit du travail. Simplifier ou déréguler ne constitue pas un projet : c'est bien le problème que pose le cadre intellectuel libéral lorsqu'il ne formule pas un projet collectif dans le prolongement de la libération qu'il propose. Oui, mais voilà : pour proposer un projet, il faut retrouver le sens des possibles, il faut avoir préalablement libéré la réflexion et avec elle les possibilités d'action.

Il est frappant de constater que sur ce plan, la crise n'a pour l'heure eu aucun lendemain. La brutalité des circonstances nous a pourtant tous obligés à penser et à faire différemment. Face à l'urgence, un nombre considérable de règles qui, en temps normal, compliquent, voire empêchent l'action publique – et même l'action tout court – ont été suspendues. Elles sont à nouveau pleinement applicables. Le fait qu'elles aient été un fardeau dans l'épreuve ne semble pas interroger grand monde. Quatre ans plus tard, tout semble avoir repris son cours normal de ce point de vue et nombreux sont ceux qui pataugent à nouveau dans la glu du quotidien.

Alors comment, au milieu de cette critique générale de l'enfermement intellectuel et de la prolifération des normes, s'y retrouver pour passer à la pratique ? L'élargissement du champ des possibles ne se décrète pas et ne se définit pas, en tout cas pas totalement, il se met en pratique et il s'incarne, d'abord et avant tout.

Cette réponse peut sembler facile. À dire vrai, elle ne l'est pas tant que cela. Aux origines de la philosophie morale, l'on retrouve bien souvent cette difficulté à définir ou à expliciter ce qu'est le *bon* comportement. Cela a amené, entre autres, Aristote à baser très largement sa réflexion sur la prudence, vertu pratique par excellence, autour de la figure de l'homme prudent, qui est à lui-même sa propre règle, c'est-à-dire qui est l'exemple vivant de la bonne manière de faire. Cette dernière ne se définit pas abstraitement, sous forme de règles abstraites, elle prend la forme de l'exemple concret offert par celui qui sait, en pratique, ce qu'il faut faire et comment le faire. Dans un autre registre, bien différent, mais significatif lui aussi, le célèbre scénariste et réalisateur Billy Wilder, dont le maître était l'immense scénariste et réalisateur Ernst Lubitsch, avait installé dans son bureau un écriteau réputé l'inspirer et portant l'inscription suivante : « Que ferait Lubitsch ? » Autrement dit, il est un moment où seul l'exemple concret et incarné permet de comprendre ce que l'on veut dire lorsque l'on parle d'une certaine disposition pratique que certains individus possèdent et exercent au plus haut point.

Un éclaireur : Martin Hirsch

Mon Ernst Lubitsch à moi porte un nom : c'est Martin Hirsch. Je me suis bien gardé de lui dire – en tout cas jusqu'à aujourd'hui, mais puisqu'il n'est plus mon directeur général, c'est désormais possible. Il m'arrive régulièrement de me demander ce que Martin ferait à ma place dans une situation un peu compliquée. Quand je dis cela, je ne cherche pas à l'imiter ou à le dupliquer, c'est-à-dire à rechercher quelle serait la voie très précise qu'il retiendrait face à tel problème. Il ne s'agit pas de singer. *In fine*, je sais que la manière de faire que j'adopterai sera la mienne, c'est-à-dire qu'elle sera imprégnée par ma manière propre de raisonner, très différente de la sienne, par mes expériences, elles aussi singulières, mes réflexes et ma culture propres. En revanche, je m'efforce de faire preuve, dans la réflexion et l'action, de certaines dispositions fondamentales, qui me paraissent cruciales et que j'ai cru identifier chez Martin.

La première, c'est d'abord d'agir avec à l'esprit une finalité très claire – et cette finalité doit être un véritable objectif, c'est-à-dire quelque chose qui mérite d'être recherché pour soi : le résultat final doit être en écho avec des principes, des valeurs, des aspirations qui sont de nature à polariser l'action. Il arrive bientôt souvent, dans la vie quotidienne, que l'on finisse par perdre totalement de vue les finalités, pour préférer remplir des objectifs de second rang : faire fonctionner le système, gérer tel ou tel acteur, empêcher les choses de se dégrader. Ce ne sont pas des objectifs illégitimes, mais ils ne suffisent pas comme motivation. Il faut régulièrement repartir des grandes cibles que l'on recherche – et au passage, cet exercice a une immense vertu : il redonne du sens, de l'intérêt et de l'élan à la réflexion et au travail. Cela semble une évidence, mais pour avoir sué sang et eau pendant trois ans à la tête d'un cabinet ministériel, je peux témoigner du fait que l'on perd très vite l'habitude de placer les grandes finalités au cœur de son action et que l'on finit assez rapidement par se donner comme objectif de finir sans trop de casse le mois, la semaine et parfois même la journée.

La seconde disposition d'esprit majeure, c'est de faire preuve d'une très grande liberté dans la manière d'envisager les moyens permettant d'arriver à cette fin. Les seules bornes sont de deux ordres : le savoir scientifique ; les principes juridiques et administratifs fondamentaux, c'est-à-dire ceux que l'on sait que l'on ne pourrait ni ne voudrait réellement changer. Ils définissent les bornes du terrain de jeu de celui qui veut agir. On ne change pas les faits scientifiques, on part d'eux. De la même manière, il n'est pas possible, à court terme du moins, de changer les règles fondamentales d'organisation de l'État, les grands paramètres du système, les grands principes des régimes juridiques et les grands déterminants financiers. Mais en dehors de ce cadre, rien n'est hors limite. Autrement dit, on ne part jamais de l'ensemble de l'existant, en cherchant par quel trou de souris celui-ci qui voudrait agir différemment pourrait vouloir passer. Il va de soi, bien sûr, qu'une certaine proportion doit exister entre l'ampleur des déplacements à opérer dans les manières usuelles de faire et le but que l'on se donne. Il ne sert à rien d'essayer de faire diverger les acteurs de leurs habitudes si l'objectif ne le mérite pas et il y a, au-delà de cela, une certaine proportionnalité à observer en permanence. Il ne s'agit pas de faire tout le temps table rase de presque tout, il s'agit de conserver, en toutes circonstances, une liberté d'esprit et une créativité suffisantes pour se donner des choses d'atteindre le but.

La troisième caractéristique de la manière « hirschienne » de faire, si je peux faire de mon Ernst Lubitsch personnel un adjectif, c'est de confronter en permanence le résultat de cette réflexion libérée avec le regard d'autrui et, mieux encore, de réfléchir à plusieurs ou mieux de réfléchir ensemble chaque fois que cela est possible. Martin Hirsch, il faut le dire, a une passion pour le brainstorming. Dès mon arrivée à l'AP-HP, je me suis retrouvé embarqué dans les séances qu'il aimait organiser le samedi matin, avec les cliniciens et les chercheurs compétents sur tel ou tel sujet et dont la vocation était d'anticiper des questions qui allaient nécessairement venir dans la crise. Je dois confesser que je n'étais pas certain de l'utilité de la démarche, que je regardais avec une certaine inquiétude. Pourtant, dès le premier brainstorming, j'ai compris la fécondité de la méthode : elle consistait, précisément, à réaliser collectivement les deux premières étapes que je viens de décrire et il ne s'agissait pas simplement de légitimer les idées qui allaient voir le jour lors de ces séances en les formulant dans un cadre collectif. En réalité, l'objectif était bien, en permanence, de mettre à l'épreuve les idées originales qui pouvaient sortir du cerveau de tel ou tel en voyant si elles passaient la rampe, si elles étaient reprises ou développées par d'autres ou si elles se heurtaient à l'indifférence ou aux objections générales.

C'est que la liberté et la créativité intellectuelles ne s'exercent en effet pas en solitaire. Ce point mérite d'être souligné, dans la mesure où les lignes qui précèdent peuvent donner le sentiment de défendre une sorte de pensée « hors du cadre » dont la valeur se reconnaîtrait précisément au fait qu'elle sortirait du cadre. Or il est évident par soi-même qu'une idée originale, divergente ou exotique n'est pas forcément une bonne idée. La pierre de touche pour juger de la valeur d'une telle idée, c'est le regard d'autrui – et même de plusieurs personnes, de profil et d'histoire différentes, mais qui sont toutes prêtes à jouer le jeu, c'est-à-dire à ne pas défendre le *statu quo* par principe et à laisser sa chance à une approche nouvelle, tout en la confrontant à toutes les difficultés intellectuelles et matérielles qui peuvent l'entourer. La créativité ne suffit pas ; elle doit permettre de convaincre et donc d'entraîner. Au demeurant, il suffit d'avoir assisté à une séance de réflexion de ce type pour constater que lorsque chacun est dans la bonne disposition d'esprit, la créativité des uns stimule la créativité des autres et que le résultat final est d'une qualité globale largement supérieure à la somme des qualités des individus qui y ont participé. Autrement dit, le collectif augmente, quand il est uni par un objectif et une méthode partagés.

Quatrième et dernier principe de la méthode selon Martin Hirsch : ne jamais simplement en rester à la réflexion théorique, mais toujours chercher à passer à la pratique. C'est sans doute sur ce point que j'ai le plus appris à son contact. Les débats théoriques n'intéressent pas ou peu Martin, s'ils ne conduisent pas à essayer de faire quelque chose – et si possible quelque chose de plus intéressant et de plus efficace que ce qui est habituellement fait. C'est peut-être là la plus grande des libertés : se sentir autorisé à essayer, à passer à la pratique, à expérimenter.

C'est ce qui a conduit l'AP-HP, tout au long de la crise sanitaire, à mettre en place, sous le nom de COVIDOM, un suivi à distance des patients atteints du Covid pour éviter que les urgences ne soient submergées, sur une idée originale de Philippe Ravaud ; à mettre en place, sous le nom de COVISAN, des équipes de dépistage mobiles chargées pendant la première vague d'aller au contact des malades et de les aider à respecter les gestes barrières et l'isolement quand leurs conditions de vie ne leur permettaient pas, grâce notamment à Renaud Piarroux ; à rendre possible la qualification des tests antigéniques rapides, grâce à Jean-Michel Pawlotsky, puis des tests salivaires, pour élargir le panel des techniques de dépistage disponibles, grâce à Solen Kerneis, Constance Delaugerre, Jérôme Le Goff et Jean-Marc Treluyer ; ou bien encore à soutenir la mise en place par une équipe pluridisciplinaire de médecins d'une prise en charge originale des patients souffrant du

Covid long à l'Hôtel-Dieu, avec Brigitte Ranque, Cédric Lemogne et Patricia Thoreux. Pour longue et fastidieuse que soit cette énumération, elle est nécessaire pour illustrer ce point essentiel : donner du mouvement pour aller plus loin, c'est d'abord créer le cadre qui permet à d'autres que soi de proposer de nouvelles approches et de les mettre en place.

J'ignore si Martin se reconnaîtrait dans la description de cette méthode. Ce qui compte, au cas d'espèce, ce sont les effets que cette manière de penser et de faire a sur les autres. Il existe aujourd'hui une abondante littérature, de qualité très variable, sur ce que l'on appelle le « leadership ». Elle laisse généralement de côté l'essentiel, qui n'est pas du côté du savoir-faire ou du savoir-être : le véritable leadership est intellectuel. Il ne s'agit pas, en disant cela, de prendre comme repère une sorte de modèle magistral, où des individus particulièrement brillants donneraient des leçons aux autres, qui écouteraient patiemment en silence et obéiraient. Il s'agit au contraire de dire que la première des qualités d'un authentique leader est de construire le cadre intellectuel de réflexion qui permet à ceux qui l'entourent de penser hors du cadre. Autrement dit, il ne s'agit pas d'une position de surplomb, mais d'une démarche particulière qui conduit un individu à proposer à d'autres de se rassembler pour trouver des solutions à des problèmes qu'ils ont en commun. Tout commence donc par la capacité à réfléchir ensemble, sans rien exclure par principe ou presque. La liberté intellectuelle est première.

Chapitre 3
De la nécessité du débat public

La peur des citoyens

Tout au long de la crise de Covid-19, les autorités publiques ont été travaillées par la crainte que les injonctions sanitaires ne soient plus respectées et que la crise sanitaire n'aboutisse à une remise en cause directe de l'autorité sociale. Force est de constater que cela n'a pas été le cas. C'est sans doute le fruit d'un effort de pédagogique d'une ampleur inédite, qui a commencé avec les conférences de presse quotidiennes de Jérôme Salomon, s'est rapidement doublé des points presse détaillés donnés par Edouard Philippe, qui ont – et à juste titre – marqué les esprits par leur clarté et leur sobriété à un moment d'angoisse sociale extrême. Cet effort s'est poursuivi, des mois durant, par les interventions du ministre de la Santé et du nouveau Premier ministre, Jean Castex. Jamais le pouvoir exécutif n'a autant parlé que durant ces deux années. Jamais il ne s'est autant justifié. Jamais autant d'informations n'auront été données au grand public pour comprendre et saisir les tenants et les aboutissants de ce choc social sans précédent dans l'histoire récente. Les médias ont à l'évidence joué un rôle majeur dans cet effort quotidien d'information et d'explication.

L'ampleur de cet effort d'information et de transparence n'est sans doute pas sans lien avec le choix qu'ont fait la quasi-totalité des Français de respecter les règles qui étaient formulées par le Gouvernement. Mais on aurait tort de n'y voir qu'une invitation à la pédagogie : ce que dit ce comportement, c'est que nous sommes collectivement responsables et que, face à une situation inédite, nous avons su collectivement faire ce qu'il fallait faire.

L'exercice du pouvoir, tel qu'il se fait au quotidien, est nourri d'une forme de défiance vis-à-vis des citoyens. Le régime représentatif n'est pas qu'une manière d'organiser la division des tâches politiques ou un biais commode permettant d'exercer la délégation d'un pouvoir qui ne pourrait être exercé au jour le jour par 70 millions de Français. L'élection, la chose est bien connue, est dans son essence profondément aristocratique : elle doit faire émerger une élite disposant des qualités et des connaissances nécessaires pour gouverner. Toute une tradition intellectuelle parfaitement mise en lumière par Bernard Manin dans ses *Principes du gouvernement représentatif* a largement mis en évidence ce point. Ce fond aristocratique est toujours profondément présent dans notre culture politique et il est presque banal de le dire. Le refus de la démocratie directe, la conviction foncière que le peuple ne saurait pas faire, jour après jour, les bons choix si on lui en offrait la possibilité, travaille l'ensemble de notre système de gouvernement, qu'il s'agisse de la classe politique ou de la haute administration.

Il est ainsi parfaitement remarquable que, lors de la crise des gilets jaunes, la demande d'un usage régulier du référendum pour intégrer une part de démocratie directe à notre régime politique ait été écartée comme exprimant de vieilles lunes politiques – d'extrême gauche ou d'extrême droite, comme l'on voudra. Pourtant, comment expliquer, dans un monde numérisé où la participation des individus est sollicitée sur un nombre absolument considérable de sujets, que les modalités de participation du peuple à la décision n'aient plus connu aucune variation effective significative depuis des décennies ? Comment se dire, à une époque où l'on reste en contact avec ses proches, avec ses collègues ou avec de parfaits inconnus vingt-quatre heures sur vingt-quatre par écran interposé, que l'on n'ait jamais essayé, sous une forme ou sous une autre, de consulter ou d'associer le peuple souverain à quelques-unes des décisions qui sont prises en son nom tous les jours ? Il se trouve que lors de cette crise, j'exerçais des fonctions en cabinet ministériel et, comme sans doute l'immense majorité de mes collègues, je n'ai pas imaginé une seconde qu'il puisse être donné une quelconque suite à la revendication du « référendum d'initiative citoyenne ». Je n'ai même pas imaginé qu'une version aménagée puisse en voir le jour, à l'échelle locale ou à des fins consultatives ou sur un nombre limité de sujets. Sans même y réfléchir sérieusement, dans un moment de crise politique majeur, j'ai dénié toute pertinence à cette possibilité.

Même en temps ordinaire, le débat n'existe pas réellement

Tout au long de la crise sanitaire, le pouvoir politique s'est exercé de manière totalement verticale. Nos institutions ont rempli la mission pour laquelle elles ont été conçues : elles ont tenu le choc de la crise. Mais curieusement, c'est en voyant leur solidité dans l'épreuve que j'en suis venu à me dire que cette verticalité était totalement injustifiable au quotidien. Elle fait sens en situation exceptionnelle. Elle ne l'est pas pour la gestion des affaires courantes ou pour la marche quotidienne de l'État. Cette verticalité s'exprime de manière simple : elle fait du pouvoir exécutif le lieu quasi unique de décision effective dans l'État sur toutes les questions d'ordre général. Cela a une conséquence : lorsque le débat public s'engage sur un sujet, quel qu'il soit, la question a déjà été tranchée. Le vrai débat, s'il a eu lieu, a eu lieu en coulisses, lors de la préparation de la décision. C'est dans ce cadre et sans publicité que la pertinence du choix ou de l'orientation a pu être discutée, que les modalités de mise en œuvre ont pu être évoquées ou réfléchies. Toute notre vie politique est ainsi faite que lorsqu'une mesure est annoncée, il est déjà trop tard pour renoncer : la remettre en cause, c'est reculer et reculer, c'est avoir politiquement perdu. Il n'existe aucun espace préalable de discussion, aucune zone neutre où les idées pourraient s'essayer, se tester, être discutées en dehors du cercle de ceux qui, au sein de l'exécutif, participent à la décision. Cela ne veut pas dire, bien sûr, que le monde extérieur n'est pas, d'une manière ou d'une autre, associé à ces réflexions. C'est le rôle des cabinets ministériels, par exemple, et parfois des directions d'administration centrale des ministères que de consulter officieusement les uns et les autres, de tester les idées, de voir les réactions qu'elles suscitent. Tout cela se fait discrètement, mais tout cela se fait effectivement. Reste que cela se fait en coulisses, à bas bruit et surtout avant toute prise de position publique du Gouvernement.

Pourquoi, dès lors, le regretter ? Pour une raison très simple : cette manière de procéder ancre dans les esprits l'idée qu'il n'y a pas de débat public ou bien plutôt que le débat public n'a jamais aucun résultat, sauf bras de fer poursuivi dans la rue – et encore. Les acteurs sociaux le savent – et agissent en fonction, négociant en coulisses dans l'immense majorité des cas et mobilisant lorsque la cause le mérite à leurs yeux. Et plus encore, les Français le savent – y compris ceux qui sont les plus éloignés de la politique, qui voient, de loin souvent, la classe politique se déchirer dans des débats qui n'ont jamais aucune conséquence, puisqu'*in fine*, ce que le Gouvernement voulait faire, il finit par le faire. L'impression que cela donne, ce n'est pas simplement que tous les Gouvernements successifs sont mus par la même conviction d'avoir raison, quoi qu'il en coûte. C'est surtout que rien de ce qui se passe dans l'espace public n'a d'impact sur la décision finale, à part le blocage pur et simple. C'est bien le sens profond du Gouvernement représentatif tel que nous le pratiquons, à tout le moins en France : le seul moment qui compte, ce sont les élections. C'est à ce moment, et à ce moment seulement, que tous, citoyens, bien sûr, mais aussi syndicats, intellectuels, associations ont un poids maximal sur la décision. Comment, dans ces conditions, s'étonner que les quinquennats ne soient devenus d'interminables chemins de croix pour des exécutifs successifs qui connaissent tous le même parcours : une autorité et une légitimité maximales, à défaut d'état de grâce, pendant la première année, puis un lent et inévitable épuisement, au fil de débats publics sans autre conséquence matérielle que celle d'user le pouvoir et l'opinion, émaillés çà et là de bras de fers sous forme de manifestations et grèves ? Nous sommes arrivés à une situation où l'usure de nos pratiques politiques est telle qu'il n'est plus un seul parti majeur dont nous puissions nous dire, avec assurance, qu'il existera sans doute encore sous cette forme dans deux ans.

Lorsque l'usure devient aussi générale, elle ne peut être le seul fruit de l'inconséquence des personnes. Elle est d'abord le fruit des institutions et des pratiques institutionnelles elles-mêmes. Et si la Ve République, conçue pour la crise, a tenu bon dans la tempête, il me semble chaque jour un peu moins probable qu'elle tienne encore durant des années. Encore faut-il, lorsque l'on parle d'institutions, ne pas évoquer que les seuls organes constitutifs de la République et leurs règles de fonctionnement. Ce qui est usé, ce ne sont pas seulement les modalités d'organisation du pouvoir. C'est aussi son arrière-fond constitutif – la trame de principes et d'objectifs fondamentaux qui donnent sa légitimité à l'idée même d'un pouvoir social et d'une action commune.

L'invocation rituelle et perpétuelle des mêmes principes et du même héritage

Si nous ne sommes plus capables d'avoir un débat public sérieux et approfondi, c'est aussi, au fond, que nous ne savons plus de quoi débattre. Notre démocratie et notre vie collective tournent, depuis soixante-dix ans, autour d'un projet républicain commun formulé dans les années qui ont suivi la Libération, capable de rassembler, y compris dans ses ambiguïtés, la quasi-totalité du spectre politique. Pour l'essentiel, il est formulé dans le programme du Conseil national de la Résistance. Ce projet, dans ses grandes lignes du moins, a été réalisé par des Gouvernements de gauche comme de droite, qui ont trouvé, dans ce cadre, ce qui les unissait en tant que républicains et ce qui leur permettait de situer dans le spectre politique. Il a fourni l'armature intellectuelle et juridique de l'action commune depuis lors. Force est de constater que nous sommes arrivés à un point où nous ne savons plus le faire vivre, parce qu'il s'est usé avec le temps, la mise en œuvre et l'expérience.

Gouverner, aujourd'hui, c'est très largement ravauder, c'est-à-dire repriser et compléter, à la marge, des séries de grands textes législatifs ou réglementaires, qui ont ou bien été modifiés cent fois ou bien ne l'ont quasiment jamais été, parce qu'ils étaient vus comme intouchables. C'est chercher en général à le faire en trouvant une forme de compromis entre le souci de ne pas remettre en cause tel ou tel concept fondamental, tout en essayant de construire des conditions de mise en œuvre à peu près adaptées aux contraintes nouvelles du moment. Cela conduit nos normes à atteindre un degré de complexité inégalé, à force de multiplier les ajustements par petites touches, les régimes dérogatoires et, plus profondément, les évolutions substantielles que l'on cherche à minimiser derrière une apparente et rassurante continuité. Même profondes, les réformes se font à la marge, comme si les choix d'organisation juridiques ou sociaux qui ont été faits il y a trente, cinquante ou soixante-dix ans étaient toujours valables.

Bien souvent, tout l'art politique consiste même à être capable d'infléchir le plus possible ces choix sans jamais assumer de les remettre en cause, comme si certaines options étaient par principe et définitivement fermées, comme si la vie collective française reposait sur un certain nombre de choix déterminés et intangibles, alors qu'ils constituent en réalité pour nombre d'entre eux des choix relatifs et contingents. Je ne parle pas ici des principes et des valeurs, qui sont largement intangibles, mais bien des choix d'organisation qui, y compris dans leurs ultimes détails, sont présentés comme indépassables. Là aussi, il s'agit en quelque sorte d'escamoter le débat, en n'assumant jamais explicitement de faire ce que l'on fait lorsque l'on réforme, c'est-à-dire chercher à trouver un meilleur mode d'organisation sociale de certaines fonctions essentielles. Au demeurant, c'est un choix qui peut sembler judicieux : toute l'histoire politique récente tend à montrer qu'un Gouvernement qui assume explicitement de faire ce qu'il veut effectivement faire a toutes les chances de le regretter tôt ou tard. L'on en arrive ainsi à ce paradoxe, où tout Gouvernement qui engage une transformation, profonde ou non profonde, le fait en affirmant tout à la fois qu'il va effectivement changer les choses tout en revendiquant de s'inscrire dans une continuité presque absolue avec ce qui pouvait préexistait.

La politique semble tout entière marquée du sceau de la phrase célèbre tirée du *Guépard* de Guiseppe Tomasi di Lampedusa : « Si nous voulons que tout reste tel que c'est, il faut que tout change ». Ce que dit cette formule célèbre, tout entière à l'arrière-plan de notre vie collective, c'est que notre vision politique est devenue profondément et essentiellement conservatrice dans son essence. Si changement il y a, ce ne peut être qu'au service de la préservation de ce qui existe déjà, comme si ce raisonnement pouvait avoir un sens durable. Il n'en est rien et c'est la vraie leçon du roman de Lampedusa : le calcul consistant à feindre de s'accommoder du présent pour perpétuer le passé est condamné à l'échec et aux dernières pages du livre, il ne reste plus rien du monde du prince de Salina, personnage central du roman. La conservation ne fait ni un projet ni une politique. Cela est si vrai que les Gouvernements successifs ne cessent d'affirmer, en parallèle, conduire des réformes fondatrices, voire révolutionnaires, comme s'il fallait compenser cette toile de fond conservatrice par une exagération permanente du caractère radical des réformes, laquelle ne trompe pas grand monde, tant il est toujours question, à la fin, de faire ce que l'on a toujours fait, mais un peu différemment. Toujours est-il que le résultat est là : nous parlons beaucoup, dans notre vie commune, de ce qui est déjà là depuis des années et très peu de ce qui pourrait arriver de nouveau.

Chaque réforme épuise un peu plus le capital politique

Ce jeu d'ambiguïtés a totalement épuisé le discours de la réforme et, à travers lui, l'action politique elle-même. Au demeurant, il serait exagéré et même faux de dire qu'aucune réforme profonde n'a été conduite au cours des dernières années. Encore une fois, cela n'a pas été le cas. Mais force est de constater que chacune de ces réformes a coûté la quasi-totalité de son capital politique au Gouvernement qui les a conduites, que ces réformes successives sont restées isolées, n'ont pas fait système au point de construire un nouvel équilibre des politiques publiques ou de fournir une sorte de *modus operandi* de la réforme qui permettrait à d'autres gouvernements, dans l'avenir, de faire bouger plus simplement les lignes. Nous payons ici le prix de notre extrême difficulté à faire précéder les décisions politiques d'une phase de débat éclairé, qui assurerait ainsi leur postérité. Dans l'immense majorité des cas, une série de réunions de concertation avec les acteurs sociaux tiennent lieu de débat. Elles ont une indiscutable utilité. Mais elles ne servent jamais à mettre explicitement des options sur la table, au mieux à circonscrire l'état du problème à régler.

Il y a bien entendu des contre-exemples : l'interminable préparation, durant le premier quinquennat d'Emmanuel Macron, de l'instauration de la retraite par points – finalement abandonnée – en est la démonstration. Arrêtons-nous un instant sur ce dernier exemple, qui vient illustrer parfaitement les limites mêmes du débat public. Pendant des mois et des mois, il y a eu des discussions sans fin autour d'une organisation profondément différente de notre système de retraites, les partenaires sociaux y ont été largement associés, mais *in fine*, cette démarche même ne pouvait pas aboutir s'il en était attendu une forme d'accord ou de consensus. Tout le monde le savait depuis le début ; sur un tel sujet, qui engageait un changement d'option fondamental, il ne pouvait nécessairement qu'y avoir rapport de force entre une partie des partenaires sociaux et le Gouvernement. D'où peut-être, quelques mois plus tard, le choix d'une méthode profondément différente pour la réforme des retraites examinée au Parlement en 2023. Mais il y a quelque chose de paradoxal à voir le bras de fer s'engager autour d'une réforme largement moins profonde et ambitieuse que celle qui avait été envisagée et discutée jusqu'à début 2020.

Chacun sait qu'un certain nombre de réformes ne sont envisageables que dans la foulée d'une élection présidentielle, parce qu'il y a alors consensus pour considérer qu'elles relèvent du mandat donné par le peuple au nouveau chef d'État. Dès lors, ou bien nous nous résolvons à considérer que des réformes de cet ordre ne peuvent être accomplies que tous les cinq ans – ce qui revient, de fait, à considérer que nous ne pouvons ajuster les choses que par touches et de temps à autre, ou bien il faut trouver des modalités d'organisation de la décision publique qui permettent, d'une manière ou d'une autre, de donner une légitimité démocratique directe à de telles réformes.

Pas de débat public sans partage de l'expertise

Il faut encore être capable de faire précéder la décision finale d'une phase de débat public permettant à chacun de se forger une opinion. Il a lieu, mais au sein de l'État et sans aucune publicité. Cela est d'autant plus vrai que l'essentiel des données indispensables à l'élaboration d'un tableau à peu près fiable de la situation initiale n'est pas disponible pour le grand public. Une partie d'entre elles sont bien entendu régulièrement publiées et désormais mises à disposition en mode *open data*. Mais ce n'est rien à compter de la somme considérable d'informations et parfois d'analyses qui sont à la fois produites par la sphère publique et mises à la disposition des seuls décideurs. Exercer des responsabilités dans l'appareil d'État, c'est en réalité être submergé d'informations et de données, c'est être en mesure, lorsque l'on n'en dispose pas, de demander à ce que des enquêtes soient réalisées dans des délais plus ou moins brefs. C'est également avoir à sa disposition un nombre considérable de notes, de rapports, officiels ou officieux, publics ou non publics, élaborés par des corps de contrôle, des corps d'inspection, des administrations et ainsi de suite, au point qu'une partie du travail concret d'un directeur du cabinet d'un ministre consiste à lire le week-end la série de rapports et notes reçues pendant la semaine. Il va de soi qu'une part de cette situation tient à la nature même de l'État, qui est de produire ces données et ces analyses et de les faire « remonter », comme on le dit, aux autorités politiques qui sont en charge d'en tirer des conséquences. Mais un tel niveau de concentration de l'expertise au sein de l'appareil politico-administratif singularise sans doute la France et traduit notamment le fossé qui sépare le monde scientifique et intellectuel d'un côté et l'État de l'autre.

La mise en place de conventions citoyennes a pourtant montré qu'il était possible de construire des cadres d'informations et de débats permettant à des Français non spécialistes du sujet de se forger une opinion en auditionnant un très grand nombre d'experts avant de construire des positions, puis de formuler des propositions fortes, mais consensuelles à leurs yeux. Cette méthode a montré tout son intérêt en 2019-2020 autour de la transition écologique, puis en 2022-2023 autour de la fin de vie. Les limites en sont également apparues : les conventions citoyennes sont une démonstration grandeur nature tout à la fois de la possibilité de faire parfaitement confiance à des Français qui ne sont ni experts ni responsables publics pour élaborer une réflexion collective cohérente et informée débouchant sur des choix nets. Le problème est qu'il n'y a pas d'effet d'entraînement ni de mécanisme politique ou social qui permette de faire de cette maturation à quelques-uns un outil collectif. Sans doute contribue-t-il à légitimer des décisions gouvernementales futures, mais ce qui passe durant la convention citoyenne n'a pas d'impact sur les positions des uns et des autres dans le corps social, qu'il s'agisse des positions individuelles ou collectives. Est-ce à dire que les conventions citoyennes ne servent à rien ? Je ne le crois pas : elles démontrent que le principe même de la démocratie a du sens et qu'une forme de démocratie directe est possible, à la condition de la faire précéder d'une phase d'information et de maturation. Dans un monde où le numérique est partout, des conventions citoyennes virtuelles brassant des dizaines de milliers de participants, voire plus deviennent possibles.

Elles montrent également qu'il y a une forme de lien direct entre le niveau d'information et le niveau de radicalité des options prises. Je l'ai dit, les deux conventions citoyennes ont abouti à des choix nets et c'est peut-être leur principale différence avec toutes les autres formes de débat politique en cercle fermé. Elles confrontent dès lors les Gouvernements aux conséquences de cette radicalité, c'est-à-dire aux individus et aux intérêts qui souffriront de ces choix ainsi qu'à la question de savoir comment s'il est possible ou non de les accompagner dans ces évolutions. Il ne fait aucun doute qu'il est légitime de s'en soucier dans un régime libéral soucieux de la protection des individus. En un sens, le propre d'une démocratie mature est de prendre en compte les « perdants » de la réforme sans renoncer à les mettre en œuvre. Sans doute faudrait-il à l'avenir mettre cette question à l'agenda de nouvelles conventions citoyennes, en leur demandant d'emblée non seulement de définir des options, mais aussi et peut-être même surtout de définir les modalités d'accompagnement de ceux qu'elles toucheront.

Savoir académique et décision publique : le grand fossé

Quoi qu'il en soit, la première étape est de replacer l'information au cœur de la prise de décision collective – et d'abord celle qui découle directement des travaux de recherche. Il n'y a sans doute qu'en France que les universitaires contribuent aussi peu à la formation de la décision publique. Ils publient, s'expriment parfois dans les médias, développent une pensée propre, mais ne sont que très rarement consultés dans le processus de formation de la décision proprement dite. Cela tient à la position marginale de l'université dans la vie publique française, mais également aux conditions mêmes dans lesquelles ils sont sollicités. J'ai eu, à divers titres au fil de mes activités professionnelles, à essayer de construire ce lien entre le monde académique et le monde politique. Je dois dire que c'est sans doute l'une des choses les plus stimulantes et les plus gratifiantes que j'ai pu faire. Mais j'ai également constaté toute la difficulté de l'exercice. La raison en est simple : lorsque le pouvoir politique se décide à consulter les scientifiques, c'est en général qu'il y a urgence et que les options sur la table sont, en général, difficiles à porter. La création du conseil scientifique COVID-19 en est l'illustration la plus récente et la plus nette. Cette consultation a alors essentiellement une double fonction : d'une part, une légitimation et d'autre part, la recherche d'options alternatives plus séduisantes qui auraient éventuellement pu être ignorées. Dans de telles conditions, il est évidemment peu probable que ces échanges puissent être très productifs. En général, ils ont toujours la même tonalité : ils sont, vus du pouvoir politique, décevants à court terme et stimulants à long terme. Malheureusement, force est de constater que la vie politique permet rarement de leur donner une suite réelle.

Je me souviens ainsi de la série de déjeuners et de dîners de travail avec des économistes que j'avais organisés, à la demande de Valérie Pécresse, alors ministre du budget, à l'automne 2011. La France venait brutalement, à la suite des défaillances grecques, d'être projetée dans la crise de la dette et la crainte de la perte du triple A, avec ses conséquences sur la capacité du pays à se financer, était devenue obsessionnelle. Nous avions alors multiplié les consultations avec tout ce que la France pouvait compter d'économistes de premier plan, à la fois pour mieux comprendre la situation et savoir s'il y avait une manière plus pertinente qu'une autre de faire peser l'effort d'ajustement budgétaire qui se profilait en urgence. Aucun de ces échanges n'avait changé la donne, en dessinant une voie de sortie de crise miraculeuse. Certains d'entre eux, en revanche, nous avaient forcés à regarder vers l'avenir, c'est-à-dire à regarder au-delà des quelques mois où il allait falloir agir dans l'urgence, ce qui était absolument indispensable, chacun en convenait, pour préparer ce qui allait venir un an après.

Les travaux et le savoir universitaire n'ont pas, en France, les mêmes objets que les décisions prises par les autorités politiques et administratives. C'est bien moins vrai à l'étranger, pour une raison assez simple : une large partie de l'expertise qui est, en France, réalisée par des hauts fonctionnaires sur la base de données et d'informations recueillies au sein de l'État est, à l'étranger, réalisée par des universitaires. Le savoir académique est réellement ancré dans la vie administrative, il dispose des clefs et des accès nécessaires pour se construire dans le dialogue avec ceux qui conduisent les politiques publiques. Ce n'est pas le cas en France. Reconnaissons-le, ce n'est pas seulement la conséquence du tropisme naturel de l'administration à préférer faire faire en son sein et par les siens ce qui pourrait être fait par d'autres à l'extérieur. C'est aussi la conséquence de la prévalence longtemps écrasante d'approches critiques par nature dans le champ du savoir académique. Une partie de l'exercice scientifique ayant été réduite à un dévoilement critique de la réalité cachée de la vie sociale ou de l'action publique, il était difficile d'envisager de bâtir des ponts entre les responsables du système et ceux dont la mission était d'en opérer la déconstruction. Dire cela, ce n'est pas affirmer que ce dévoilement n'a pas de sens, mais reconnaître qu'il n'ouvre par définition aucun espace de transaction possible avec l'action politique telle qu'elle se pratique dans l'espace démocratique.

Permettre à la recherche d'entrer dans le détail de la décision publique

Si nous voulons faire renaître un débat public en France, il faut que le monde administratif accepte d'ouvrir très largement ses portes au monde académique et, *a contrario*, que le monde académique exprime son intérêt pour ce terrain. Il ne suffit pas d'instituer des conseils scientifiques auprès des différents acteurs publics pour avoir durablement réglé les choses. Il faut bien plutôt associer les experts académiques au fonctionnement des vraies instances d'expertise de l'État – et au premier chef les inspections générales et les directions d'administration centrale –, le faire résolument et massivement et non à doses homéopathiques et consacrer à l'organisation de cette rencontre entre deux mondes le temps qu'elle exige. Il aura des effets, mais au long cours. Le décalage existant entre le discours scientifique et le discours administratif n'est pas que la simple résultante d'un écart dans les expériences et les données accessibles. Il traduit aussi le fait que les objets et les questions ne sont pas les mêmes. Là où la vie administrative doit, parfois dans le moindre détail, régler tel ou tel aspect de telle ou telle question se posant urgemment, la réflexion académique pose des questions plus larges, se décale nécessairement d'une réflexion dont l'objet principal serait les ajustements à apporter à un dispositif déterminé, pour venir formuler des interrogations de principe. C'est bien pour cette raison que cette dernière ne répond pas, en général, aux questions que le monde politique ou la haute administration se pose. Ce décalage conduit à creuser l'écart existant entre l'action politique et la réflexion académique qui pourrait contribuer à animer le débat public. Cet écart est celui existant entre le souhaitable et le possible, entre l'envisageable et le faisable. Dans ces conditions, l'enjeu n'est pas de choisir entre l'une et l'autre approche : il est de parvenir à les articuler, à les nourrir l'une de l'autre, à faire fond sur la capacité du savoir académique à poser des questions plus profondes et à questionner les principes tout en mobilisant l'expertise administrative pour comprendre, mesurer et parfois intégrer le champ de contrainte préexistant.

Partager la décision… avec le Parlement ?

Le débat est tout aussi difficile à faire naître à l'intérieur des institutions elles-mêmes. J'ai eu la chance d'accompagner des parlementaires dans l'exercice de leur mission législative. J'ai pris la mesure, à cette occasion, de la très faible marge de manœuvre que les institutions de la Ve République et leur esprit leur laissaient : l'exécutif attend du pouvoir législatif qu'il vote, sans modification substantielle, 95 % du projet de loi qui lui est présenté. Sur les 5 % restants, au mieux, il est souverain. C'est bien peu – et c'est d'autant plus regrettable que les parlementaires n'appartenant pas au même monde que les concepteurs des projets de loi, leur regard apporte à l'évidence quelque chose de différent. Reste le droit d'amendement, bien sûr – pas tant celui d'amender le projet de loi initial, une fois encore, cela n'est possible qu'à la marge, mais celui d'insérer des articles additionnels. Il s'agit là d'une maigre consolation. Elle n'en est pas moins en butte à des remises en cause constitutionnelles en règle, la jurisprudence du Conseil constitutionnel étant venue, au cours des dernières années, réduire à la portion congrue le droit d'amendement, avec le soutien implicite du Gouvernement. Il suffit, à cet égard, d'avoir assisté à une seule réunion interministérielle chargée de définir l'avis de l'exécutif sur chacun des amendements déposés par les parlementaires pour constater à quel point, aux yeux de toutes les personnes présentes, il ne fait aucun doute que l'initiative parlementaire est une pénible nécessité constitutionnelle.

Jeune administrateur du Sénat, il ne m'avait pas fallu longtemps pour comprendre que les équilibres des textes avaient été définis, dans la douleur, avant la saisine du Conseil d'État, puis leur dépôt sur le bureau d'une des deux assemblées. Le travail interministériel avait eu lieu, il avait parfois été très pénible et, dans l'esprit des ministres et des membres de cabinet, l'office du Parlement n'était en aucune manière de remettre en cause cet équilibre. C'est très précisément cet esprit qu'il faut parvenir à changer. Cela suppose de ne pas passer d'emblée à l'étape de la présentation d'un texte ficelé, aux équilibres acquis et figés. Il faut que des options existent, qu'elles puissent être discutées comme telles en amont et que les arbitrages rendus le soient au regard du débat qui se sera engagé. Tout cela exige, bien sûr, qu'il y ait une majorité stable susceptible d'être partie prenante de ce dialogue avec l'exécutif. À défaut, le débat ne sert plus à construire, mais à se positionner. Ce sont deux choses bien différentes.

Les Gouvernements, seuls face à la nécessité de proposer et d'assumer

Je vois très bien ce que répondrait une large majorité des hauts fonctionnaires face à toute invitation vibrante à la renaissance du débat public. Cette réponse est simple, désagréable et très largement vraie : elle part du constat que lorsque l'on interroge les acteurs sociaux, les forces politiques, les organisations syndicales pour nourrir une réforme, elles ne parviennent, en général, pas à formuler de propositions concrètes susceptibles d'être mises en œuvre. En somme, ce que le pouvoir exécutif reproche, légitimement pour une part, à l'ensemble des parties prenantes du débat public, c'est très exactement ce qu'il reproche aux scientifiques spécialistes des politiques publiques. Il faut bien mesurer ce que ce reproche a de parfaitement fondé. Faire l'expérience de la responsabilité politique, c'est faire l'expérience d'une situation très particulièrement d'isolement : car dans le débat politique, le seul acteur qui ne peut se permettre de faire l'impasse sur les difficultés réelles ou sur les impossibilités matérielles, c'est bien le pouvoir exécutif, car *in fine*, il sera le seul à devoir faire ce qu'il a annoncé qu'il voulait faire.

Un exemple : réformer l'accès à l'enseignement supérieur

Je garde ainsi un souvenir très net des réunions bilatérales qui ont jalonné l'été 2017 alors que j'étais au cabinet de la ministre de l'Enseignement supérieur. La procédure d'admission dans l'enseignement supérieur, AdmissionPostBac, venait d'exploser en vol, parce que le tirage au sort était devenu très significatif, notamment pour l'accès à des formations très investies socialement et très visibles médiatiquement – et notamment les études de médecine. Cela était inacceptable pour l'opinion. L'idée d'avoir recours au tirage au sort pour départager des candidats dans des formations où il y avait plus de candidats que de places n'était pourtant pas issue d'un esprit déséquilibré. Si le système s'en remettait au sort, c'est que les critères acceptables pour départager des candidats étaient strictement limités dans un univers où le principe fondamental, sur le plan juridique comme sur le plan politique, était qu'un jeune qui souhaitait rejoindre une formation devait pouvoir le faire. La sélection sous toutes les formes était interdite, hors filières particulières, et la loi répétait cette interdiction à longueur d'article. Les textes en vigueur n'autorisaient ainsi que trois types de critères pour hiérarchiser des candidatures – autrement dit pour faire passer un candidat avant un autre quand il y avait plus de candidats que de places, ce qui arrive très souvent : son lieu de résidence, les vœux qu'il avait formulés et sa situation de famille. Ainsi, des candidats qui formaient les mêmes vœux dans une même académie ne pouvaient être départagés par aucun critère, sauf à être pilier de famille, ce qui, le lecteur en conviendra, devient rare de nos jours à 17 ou 18 ans. Restait donc le tirage au sort, qui départageait les candidatures sans ajouter aucun critère à ceux que la loi mentionnait.

Le raisonnement était aussi solide intellectuellement que politiquement indéfendable. Mais se passer du tirage au sort, cela voulait dire trouver d'autres critères pour classer les candidats, ce qui ouvrait immédiatement le débat le plus explosif du monde universitaire : la question de la sélection. Autant dire que devoir ouvrir ce débat ne nous enchantait pas. Certains commentateurs affirment aujourd'hui que le Gouvernement avait organisé de manière machiavélique cette situation. Ils auraient dû voir nos mines sombres à l'époque, tant la question à laquelle nous devions répondre sans l'avoir choisi était explosive.

Au cours des réunions bilatérales que nous avons faites cet été-là, nous avons largement partagé le raisonnement formulé plus haut avec l'ensemble des syndicats représentant les personnels et les étudiants ainsi qu'avec les conférences d'établissements. Sa logique était difficilement discutable : sauf à être capable de créer massivement des places dans toutes les formations les plus demandées, ce qui n'était ni possible à court terme ni toujours souhaitable à moyen terme dès lors que certaines de ces formations ne débouchaient que sur un nombre limité de perspectives professionnelles, il fallait bien trouver des critères pour hiérarchiser les candidatures. La grande majorité de nos interlocuteurs nous suivait jusque-là, mais refusait de se hasarder dans la formulation de propositions de critères plus légitimes que d'autres. Il s'en trouvait aussi un nombre non nul pour nous inviter à nous débrouiller purement et simplement pour trouver une autre solution que la hiérarchisation des candidatures, se contentant de nous répéter qu'il revenait au Gouvernement de créer les places nécessaires en l'espace de quelques semaines et qu'en aucune circonstance une candidature ne devait être préférée à une autre. Cela ne faisait donc pas beaucoup progresser la discussion : il ne nous restait plus qu'à avancer en rase campagne, c'est-à-dire à proposer un système et à discuter sur cette base. C'est ce que nous avons fait et une fois que nous avons pris ce risque de principe, nous avons eu la chance de pouvoir travailler dans le détail avec un certain nombre d'organisations conscientes de la nécessité de trouver une solution à peu près légitime et fonctionnelle. Mais le tout début du processus fut compliqué.

Ce genre d'expérience n'a rien d'exceptionnel et sur ce sujet comme sur d'autres, il n'est pas rare que l'échange soit stérile et que le pouvoir exécutif ait le sentiment d'être seul à devoir trouver une solution acceptable et praticable. Cela conduit, je le crains, tout responsable de l'exécutif à finir par développer tôt ou tard un sentiment obsidional, en ayant le sentiment d'être le seul acteur capable de formuler des propositions sérieuses, puisque étant le seul à être contraint de devoir aller jusqu'au bout de la complexité des choses, en assumant les difficultés politiques, juridiques, budgétaires et techniques liées au fait de devoir gouverner pour de bon. Il faut dire que porter ce niveau de contraintes est proprement épuisant. Il n'est pas étonnant dès lors qu'au bout de quelques mois ou années passées au Gouvernement ou en cabinet l'on puisse finir par percevoir tout discours critique extérieur comme une forme d'agression plus ou moins simpliste. C'est souvent le cas, mais cela n'est pas toujours le cas et cette usure progressive est un immense facteur de fragilité : elle finit par enfermer et se solde inévitablement par des erreurs.

Il n'y a pas de débat sans ouverture

Faut-il en rester à ce constat ? Ma conviction est que non, pour une raison simple : il y a beaucoup d'acteurs sincères dans le débat public, des acteurs dont les motivations ne sont pas simplement politiciennes et si ces acteurs ne sont pas en mesure de participer de manière féconde à ce débat, c'est qu'ils n'en ont pas les moyens. Ils n'ont ni les informations ni les compétences techniques ni parfois les outils d'analyse pour le faire. Cela ne changera pas tant que l'expertise sur les questions d'intérêt public ne se sera pas largement ouverte – au monde académique, aux think-tanks, à toutes les formes de réflexion externes que l'on voudra. Mais dans l'entremise, il est déjà possible de faire progresser les choses. Puisque l'exécutif est le seul à disposer, à date, des moyens de structurer de manière complète le débat, il lui revient de le faire. Cela veut dire, notamment, mettre sur la table l'ensemble des éléments du débat et une série d'options sérieuses, reflétant des approches différentes du problème et permettant de construire un débat. Il en a, en théorie, d'ores et déjà l'obligation à travers les études d'impact déposées avec les projets de loi, qui sont réputées recenser les solutions alternatives à l'intervention législative proposée. Tout lecteur d'une de ces études sait que ce n'est pas la partie la plus convaincante de ces textes qui, en général, sont rédigés une fois que les grandes options du projet de loi ont été fixées.

L'exercice n'en reste pas moins possible. On pourrait imaginer que tout projet de loi important fasse l'objet, quelques mois avant son dépôt, d'un débat d'orientation organisé sur ces bases. De tels débats existent parfois, sur des matières précises. Ils n'ont, en général, pas de portée effective. Là encore, cela se comprend. Car il y a un avant et un après la décision : avant la décision, les options sont vagues, le débat est général et de principe ; après la décision, il n'a plus d'objet, il devient un mélange de discussion de principe et d'examen détaillé des dispositifs proposés. Cela ne veut pas dire que la tâche est impossible : elle consiste simplement à rendre publique la phase, qui existe bien, dans la vie interministérielle, où les arbitrages s'élaborent, où les options existent, où les discussions ont lieu et où la décision se prend. Reste bien sûr à savoir comment associer à ce débat le plus grand nombre. Le Parlement comme les corps constitués doivent y avoir leur place. Mais nous devons et nous pouvons sans aucun doute faire plus, en cherchant à associer largement la population.

Le numérique est partout. Il a modifié nos manières de voyager, de nous rencontrer, d'échanger, de nous évader et bien sûr de consommer. Des champs entiers de la vie sociale ont changé de visage en l'espace de quelques années. J'ai la chance, à l'heure actuelle, de vivre aux premières loges la révolution qui s'esquisse dans le champ de la santé, avec des outils numériques qui permettront de suivre les patients avant et après les consultations ou les examens réguliers, nous rendront capables d'anticiper les dégradations d'état de santé et les hospitalisations en urgence et pourront, demain, accompagner des patients de plus en plus âgés et souffrant de plusieurs maladies chroniques dans les changements de comportement qui sont la clef de leur maintien dans le meilleur état de santé possible. Sans fétichiser les outils numériques, ils ouvrent une incroyable palette de possibilités techniques qui pourraient, demain, être mises au service d'un projet politique de participation effective des citoyens aux décisions qui les concernent. Or force est de constater qu'aujourd'hui, en France comme ailleurs dans le monde, les CivicTech, comme on les baptise, sont sous-développées et sous-employées, se limitant, au mieux, à des espaces de pétition en ligne que chacun voit, à raison, comme des espaces de manipulation politique à peu de frais. Il y aurait pourtant tellement à faire : en organisant une interaction effective entre citoyens et élus, en amont des décisions ou en aval ; en partageant directement de l'information et en organisant effectivement le débat ; en imaginant des formes de construction progressive de propositions réfléchies et travaillées collectivement ; voire en recueillant, dans des formes sécurisées, des demandes de soumission au Parlement ou au référendum de telle ou telle proposition.

Ne laissons pas la sphère numérique aux faux-monnayeurs

Sans doute ces simples idées seront-elles vues comme naïves. Je voudrais faire deux réponses à ce reproche.

Le premier est qu'une pratique du pouvoir qui se fonde sur l'hypothèse que les citoyens sont incapables de prendre des décisions est non seulement un non-sens de principe, mais la meilleure garantie de voir, dans les mois ou les années qui viennent, basculer nos régimes politiques. Il n'est simplement pas possible de continuer à voir perdurer une situation où une fraction de la population a seule la vision complète de l'état du pays et des voies envisageables pour répondre à telle ou telle difficulté. La seconde réponse est plus importante encore, peut-être. Elle revient à dire que nous ne pouvons pas laisser le numérique devenir un espace contre-démocratique, dont tout le potentiel est utilisé au seul profit de la diffusion de fausses informations, de l'organisation d'opérations de déstabilisation et de la construction de communautés de personnes ravies de ne rencontrer enfin que des gens qui pensent comme eux. La démocratie est en train de perdre cette bataille sans l'avoir livré. Quelles sont les initiatives qui, dans l'espace numérique, viennent à tout le moins faire pendant à la diffusion massive des thèses complotistes et des *fake news* de tout ordre ? Est-il possible d'en citer une seule qui paraisse à la hauteur ? Croit-on sérieusement que l'existence de sites d'information gouvernementaux et de consultations reposant sur une dizaine de questions à choix fermé et sur le dépôt de contributions libres est à la hauteur de l'enjeu ? Il est à craindre que les usages démocratiques du numérique ne se développent jamais sans une forme de soutien ou d'engagement des Gouvernements en ce sens, tout simplement parce que ces initiatives ne pourront jamais se financer autrement, sauf exception. Et j'ajoute immédiatement que si ces initiatives ne permettent pas, *in fine*, de partager l'expertise – réelle – dont disposent les administrations, si elles ne conduisent pas les responsables politiques à venir défendre, de manière ouverte et argumentée, les choix qu'ils font dans l'intérêt de tous, ces initiatives demeureront creuses et ces espaces seront vides. À l'échelle locale, à tout le moins, on pourrait sans difficulté imaginer de micro-référendums, consultatifs ou contraignants, en se donnant comme objectif non pas de voter « oui » ou « non » – chacun connaît les limites de ces démarches – mais en formulant quelques propositions sérieuses alternatives et en faisant en sorte d'obtenir un niveau de participation enfin satisfaisant.

Nous voyons d'ores et déjà la menace que représente l'envahissement de l'espace numérique par des usages profondément antidémocratiques. Il est temps d'y répondre autrement que par des observatoires et des acteurs de la contre-influence, par ailleurs indispensables. Le moment est venu d'imaginer un usage du numérique, qui permet de réduire toutes les distances, physiques, sociales, institutionnelles, pour reconstruire un lien entre les citoyens et les décisions qui les concernent. La mauvaise monnaie ne chasse pas nécessairement la bonne ; encore faut-il mettre de la bonne monnaie en circulation. Pour l'heure, les faux-monnayeurs sont rois – et ils le sont parce que le débat public, quasiment mort dans l'espace réel, n'a pas même un commencement de réalité dans l'espace virtuel, où la bataille des opinions fait rage.

Je suis convaincu que cette bataille n'est pas perdue. Il faut dire que je ne partage pas la plus ancienne des peurs philosophiques, celle du sophiste, c'est-à-dire du raisonneur séducteur sans foi ni loi, capable d'éclipser le philosophe par son habileté et sa capacité à recourir à de faux raisonnements qui parlent au grand public. La première chose que les professeurs de philosophie enseignent à leurs élèves, c'est l'allégorie de la caverne de *La République*, qui s'achève, pour ceux qui s'en souviennent, par le meurtre de l'esprit libéré par ses frères restés prisonniers des idoles. Bref, la mort de Socrate hante la philosophie – et avec elle le sentiment que l'erreur ou l'illusion sont par nature plus séduisantes que la vérité, car la vérité est ce qu'elle est, qu'elle plaise ou non, alors que la manœuvre sophistique est conçue pour plaire, qu'elle soit vraie ou non. En ce sens, le philosophe se prépare toujours à ne pas être prophète en son pays. Peut-être est-ce le lot particulier de la philosophie. Ce n'est en tout cas pas celui de la science et je suis fermement convaincu de la capacité du savoir scientifique ou rationnel à irriguer le débat public, à asseoir les décisions, à être largement partagé, pourvu que le savant lui-même soit dans cette disposition d'esprit.

Une éclaireuse : Vittoria Colizza

Ce qui a achevé de m'en convaincre, c'est une série de coups de fil passés tout au long de l'année 2021, généralement en début de soirée, à celle qui était en quelque sorte ma pythie personnelle en matière d'évolution de la crise sanitaire : Vittoria Colizza. Je parle de pythie, car la spécialité de Vittoria est la modélisation de la dynamique épidémique. Sur la base des données disponibles, des modèles existants et de ceux qu'elle a élaborés avec son équipe de choc, elle construit des scénarios d'évolution des épidémies qui permettent à peu près d'avoir une idée de ce qui va se passer à horizon de quelques semaines. Nous avons la chance, en France, d'avoir deux excellentes équipes qui pratiquent ce sport un peu particulier : l'une est pilotée par Simon Cauchemez, à l'Institut Pasteur, et l'autre par Vittoria Colizza, chercheuse à l'Inserm, au sein de l'Institut d'épidémiologie et de santé publique Pierre-Louis de-Sorbonne Université. Chacune de ces deux équipes met un point d'honneur à conseiller les pouvoirs publics dans toute la mesure du possible et cette disposition d'esprit prend, chez Vittoria, un tour un peu particulier : il se trouve que Vittoria, qui était à l'origine physicienne, est également italienne et qu'elle s'est efforcée, à un stade de son parcours, de conseiller les pouvoirs publics italiens. L'expérience ne fut pas totalement satisfaisante et c'est en partie ce qui explique le fait qu'elle soit finalement venue en France, pour y monter une équipe en mobilisant une partie des financements importants que lui avaient valus ses travaux dans le cadre d'appels à projets très sélectifs.

Si je dis cela, c'est que j'ai toujours eu le sentiment que pour Vittoria, partager les conclusions intermédiaires de ses recherches n'était pas une simple obligation institutionnelle, mais bien l'une des deux principales raisons qui la conduisaient à travailler jour et nuit, sept jours sur sept, par ces temps de crise. La première de ces raisons était sans doute l'incroyable stimulation intellectuelle que représentait le fait de modéliser une situation aussi nouvelle et aussi complexe à saisir initialement ; la seconde était qu'elle avait choisi ce champ d'expertise précisément pour cela, c'est-à-dire pour être utile, en première ligne, face à une crise de cette ampleur. C'est ce qui la conduisait à accepter, chaque fois que je la sollicitais, de prendre un moment pour me dire où elle en était et ce qu'elle voyait venir. Ses journées étant interminables et les miennes ne valant pas bien mieux, nous avions pris l'habitude de nous appeler en début ou milieu de soirée, quelque part entre 21 et 23 heures. Souvent, j'étais sur le chemin de retour et je remontais la rue Saint-Jacques à pied. Je n'oublierai jamais ce contraste étonnant entre les rues noires et vides des temps de confinement et la voie chaleureuse et enjouée de Vittoria retentissant dans mes écouteurs pendant que je longeais la Sorbonne ou le Val-de-Grâce. Il se passait alors quelque chose de curieux, une sorte d'accord entre la forme et le fond : Vittoria prenait toujours le temps de m'expliquer les choses de manière particulièrement nette et compréhensible par un non-initié, non sans me recadrer chaque fois que j'essayais de lui arracher une prédiction impossible et elle faisait tout cela avec une gentillesse, une disponibilité et une forme de gaité naturelles, toutes liées à son tempérament dynamique et actif. Tout ceci faisait qu'à l'issue de la conversation, j'étais à la fois plus au clair sur ce qu'il fallait penser et comme réchauffé humainement par ce long moment d'échange. Ce sont ces conversations régulières des mois durant avec Vittoria qui m'ont convaincu que les idées claires avaient une force particulière qui pouvait leur permettre de s'imposer malgré tout dans les pires circonstances. Je n'ai pas été le seul à en faire l'expérience et je sais que les journalistes qui échangeaient avec elle ou, sur un autre registre, avec un Arnaud Fontanet ou une Dominique Costagliola, partageaient le même constat que moi : leur parler, c'était se trouver revigoré intellectuellement et humainement. Comprendre, même partiellement, ne rend pas seulement plus intelligent, mais éclaire, même et surtout dans les moments les plus sombres.

Une telle affirmation peut paraître paradoxale, tant il est de bon ton de dire, aujourd'hui, que l'impossibilité de fonder le débat public sur le savoir scientifique est ressortie nettement des mois de crise, qui ont vu se succéder des spécialistes en désaccord sur tout sur les plateaux. Mais en vérité, je n'ai jamais vu cela se produire. Je veux dire par là que je n'ai jamais vu un spécialiste incontesté de telle ou telle question être mis en difficulté par un autre de ses collègues. Les débats tournaient à la foire d'empoigne quand on invitait sur un plateau une brochette de personnes, appelés à donner leur avis sur des questions précises sur lesquelles ils étaient tous également incompétents. Mais quand Arnaud Fontanet, Dominique Costagliola, Vittoria Colizza ou Yazdan Yazdanpanah étaient présents, nul ne venait discuter leurs affirmations, tout simplement parce que le savoir se voit et s'impose de lui-même dans ce type de circonstances. L'autorité intellectuelle existe.

Chapitre 4
De la nécessité de faire ensemble

Le 8 mai 2020 tombait un vendredi. La veille au soir, avant que ne commence un week-end de trois jours largement dépourvu de sens dans une France encore confinée, le Gouvernement devait faire les dernières annonces présidant au déconfinement s'engageant le 11 mai. Une conférence de presse avait eu lieu dans l'après-midi, je crois, durant laquelle avait notamment été présentée par Olivier Veran la carte des capacités de dépistage au 11 mai, qui était l'un des critères officiels pour engager le déconfinement : cette carte, intégralement verte, témoignait du fait que le travail fourni depuis un mois avait porté ses fruits. Partout sur le territoire, nous étions *a priori* en mesure de faire le nombre de tests nécessaires d'après les diverses projections dont nous disposions.

Je n'avais néanmoins pas l'esprit tranquille et cela dura jusqu'à la fin de l'après-midi, quand je reçus un mail m'informant du fait que les écouvillons produits par l'entreprise Lemoine étaient désormais produits de manière stérile, disposaient des feux verts nécessaires et étaient produits à hauteur de 800 000 par semaine, soit plus que le nombre maximum de tests anticipés. Jamais de ma vie je n'ai éprouvé un tel soulagement.

Je savais depuis un certain temps déjà que nous serions au rendez-vous des capacités globales de tests : les équipements et les réactifs étaient là, même si des pénuries existaient pour tel ou tel modèle. Mais les écouvillons – ces longs cotons-tiges utilisés pour le prélèvement nasopharyngé – étaient mon cauchemar. Ils me hantaient. Nous avions passé toutes les commandes possibles et imaginables, notamment en Chine. Mais les livraisons étaient hautement incertaines, les retards permanents et les fournisseurs plus ou moins fiables. La demande mondiale avait explosé, tous les pays cherchaient à en acheter par millions et les pénuries étaient à peu près inévitables. Au fond de moi, le 7 mai au soir, je commençais à douter de notre capacité à surmonter aussi cet obstacle-là. De multiples questions, de plus en plus pressantes et angoissées, m'étaient posées, au point que j'avais fini par expliquer, aux uns et aux autres, que je commençais à comprendre ce que pouvait vivre un sanglier dans une chasse à courre, avant d'ajouter : « mais le sanglier court toujours ».

Une éclaireuse : Jeanne Lemoine

Le salut vint de Jeanne Lemoine, de son entreprise et de ses écouvillons.

Il se trouve en effet que depuis le mois de mars, Jeanne Lemoine, qui, avec son mari, dirige l'entreprise normande qui porte son nom, avait décidé de faire quelque chose d'utile à notre pays confiné, en reconvertissant une partie de ses anciennes lignes de production, dont étaient longtemps sortis des cotons-tiges, pour produire des écouvillons.

Sans parler à la place de Mme Lemoine, je crois pouvoir dire que c'est elle qui avait décidé de se lancer corps et biens dans cette initiative – son entreprise avait certes été contactée par l'État, comme d'autres, mais personne ne lui avait particulièrement demandé d'en faire son but ultime pendant plusieurs semaines. Sur la base de ce premier échange avec un ministère, pourtant, elle avait décidé de faire cette cause la sienne, parce qu'il y avait des pénuries et qu'en ces temps de crise, c'était une manière toute trouvée de rendre service au pays. Elle avait convaincu son mari, ses équipes et s'était lancée dans cette production d'un nouveau genre. Quelques coups de fil au ministère de la santé lui avaient permis d'avoir les informations nécessaires sur les spécifications d'un écouvillon. Après quoi toute l'entreprise se mit à la tâche. C'est ainsi que vit le jour l'écouvillon Lemoine, un écouvillon français qui pouvait être utilisé pour répondre au besoin national, là où les fournisseurs étrangers ne livraient plus ou de manière totalement incertaine. Restait un problème : il fallait stériliser ces écouvillons. Des gros consommateurs, comme les CHU, pouvaient envisager de le faire eux-mêmes, mais ni l'ensemble du système de soin ni en particulier les laboratoires de biologie médicale, qui réalisaient l'immense majorité des tests, n'étaient en mesure de faire de même. L'entreprise Lemoine trouva là aussi la solution, en s'associant à une autre PME, pour parvenir à stériliser et à livrer en sachets ses écouvillons stériles. C'est tout cela qui fit que le 7 mai, en fin de journée, je fus assuré du fait que nous saurions, d'une manière ou d'une autre, fournir les écouvillons nécessaires à la réalisation des 700 000 tests par semaine que Santé publique France avait jugés indispensables au déconfinement. Restait à obtenir de l'entreprise Lemoine de pouvoir disposer de ces écouvillons comme bon nous semblait pour répondre aux besoins. Ce n'était pas acquis.

Le 8 mai, comme chaque matin depuis une quarantaine de jours, j'ai fait à pied le trajet séparant la place Denfert-Rochereau et les Invalides, dans des rues vides et silencieuses. Je me rendis compte, en chemin, que je me sentais bizarre, comme plus grand et plus léger à la fois ; je compris alors que cette sensation très particulière était due à la pression qui pesait sur mes épaules, sous laquelle je ployais sans la remarquer vraiment depuis des semaines et dont je prenais conscience maintenant qu'elle s'était brutalement allégée. Arrivé au ministère de la Santé, avenue Duquesne, la journée commença par un coup de téléphone à Jeanne Lemoine, pour lui demander si elle acceptait de mettre une partie de sa production à la disposition de l'État, pour l'orienter dans les zones géographiques où les écouvillons manquaient. Elle me répondit qu'elle avait précisément fait tout cela pour être utile et que la totalité de sa production était bien évidemment à la disposition de l'État. Ce fut alors naturellement au nom de ce même État que je l'en ai remerciée, avec une solennité toute particulière qui, vu d'aujourd'hui, pourrait paraître décalée mais qui, sur le moment, traduisait la reconnaissance qu'ont les uns pour les autres les personnes qui luttent ensemble dans l'adversité, qui ne se connaissaient pas et dont les chemins viennent enfin de se croiser.

Pour moi comme pour beaucoup d'autres parmi tous qui contribuaient à la gestion de crise au ministère de la santé, Jeanne Lemoine est devenue un symbole : ces semaines-là, nous étions, à notre niveau, quelques-uns à nous consacrer jour et nuit à la gestion de la partie de la crise qui se jouait à l'échelle nationale. Dans les hôpitaux, un autre effort, bien plus difficile, était lui aussi engagé. Mais même si la tâche administrative était, en soi, bien plus légère, cela n'empêchait pas l'atmosphère d'être largement irrespirable, du fait de la crise, bien sûr, de la pression, naturellement, et de ses effets sur les individus et sur le système lui-même. En dehors du noyau rassemblé au ministère de la santé, l'heure était en effet à la défiance et au doute. Il faut dire que, comme tous les pays du monde, nous manquions de tout ou presque pour affronter cette crise et, plus encore qu'ailleurs dans le monde, ces manques étaient mis à la charge du ministère de la santé et des équipes qui y œuvraient sans relâche. Le pays était confiné, la peur collective était palpable, tout comme la frustration ressentie face à un enfermement inédit. Cette défiance, parfois implicite, parfois explicite et agressive, marquait nos journées et émanait à la fois de l'extérieur et de l'intérieur de l'État, des échelons du dessus comme des échelons du dessous. Elle était parfaitement compréhensible, mais parfois difficile à supporter, parce que permanente, souvent violente et en décalage quasi complet avec un quotidien où nous tentions tous de réussir à faire, dans l'urgence, des choses nécessaires et à peu près impossibles à réaliser aussi vite. Pour le dire vite, j'avais l'impression, à l'époque, de passer en cour martiale tous les jours – et je n'étais pas le seul. Au milieu de tout cela, Jeanne Lemoine et ses écouvillons venaient nous rappeler que nous n'étions pas si isolés que cela et qu'un peu partout dans la société française, ils se trouvaient aussi des personnes décidées à apporter leur pierre à l'édifice, prête à le faire sans poser aucune condition et à y consacrer l'intégralité de leurs journées sans aucune garantie sur l'issue finale de leur démarche. Quelques semaines plus tard, Jeanne Lemoine est venue au ministère déposer des boîtes d'écouvillons tricolores à l'intention de quelques personnes et fut reçue, à cette occasion, par Olivier Veran. Je l'ai accompagnée ensuite faire la tournée des étages, à la rencontre de tous ceux qu'elle avait eus au téléphone au cours des deux derniers mois, mais aussi de ceux qui ne la connaissaient que de nom, mais un nom dont tous avaient entendu parler : ce fut un triomphe, au sens premier du terme, et il était mérité.

L'esprit de renfort

Il y a, dans l'histoire des écouvillons Lemoine, bien plus qu'une anecdote de crise. Ce qu'elle illustre, ce n'est pas seulement notre état de fragilité collective au cours de la première vague, ce sont aussi et surtout les dispositions d'esprit qui ont permis de construire un début de sortie de crise. La première de ces dispositions est la capacité à se sentir concerné, à se sentir acteur et à le devenir effectivement, en faisant l'ensemble du cheminement intellectuel et pratique nécessaire.

Jeanne Lemoine et tous ceux qui l'ont accompagnée incarnent à mes yeux l'esprit de renfort : la volonté de faire et de contribuer, l'intelligence de comprendre comment et à quelle place, la détermination nécessaire pour y parvenir effectivement et efficacement. Elle ne fut pas seule, loin s'en faut : il suffit de poser aujourd'hui encore la question dans les hôpitaux pour entendre évoquer les boulangers et restaurateurs qui livrèrent tous les jours les soignants mobilisés des heures durant, les coiffeurs qui firent don de leurs blouses et au-delà, l'immense effort de solidarité qui s'est exercé pendant ces quelques mois. Ce que tout cela nous dit, c'est que nous avons, tous autant que nous sommes, la capacité à nous sentir concernés et à faire. Sans doute est-ce une évidence, mais nous l'avions perdue de vue et nous sommes à nouveau en train de l'oublier. Oui, nous sommes concernés et même à un double titre, à la fois par ce qui se passe à côté de nous, mais en dehors de notre champ, et par ce qui se passe dans ce champ lui-même.

Le sentiment d'empêchement nous renvoie, les uns et les autres, à l'impression de n'être, en dernière analyse, que des rouages de mécanismes qui nous dépassent infiniment, ce qui nous conduit à la fois à ne nous mêler ni de ce qui nous regarde ni de ce qui ne nous regarde pas, comme si tout était hors de notre portée. Or il n'en est rien, dans les choses qui nous concernent le plus directement comme de celles qui nous touchent de beaucoup plus loin. Notre vie collective est notre œuvre commune, elle est le produit d'une somme de décisions individuelles, y compris celles de ne rien faire ou de ne rien changer, qui sont encore des décisions. C'est une évidence, mais une évidence qui mérite d'être en permanence réaffirmée et revivifiée, tant elle est contraire aux dispositions d'esprit que j'ai décrites plus haut : la spécialisation, l'intellectualisation des professions, l'amour de l'abstraction et du général sous toutes ses formes, qui autorise les débats de principe, mais les prive de tout commencement d'exécution. Mais ce qui se joue là dépasse de beaucoup de simples dispositions ou tours d'esprit : les affects entrent aussi en ligne de compte, l'envie de faire, d'abord, et aussi et surtout la capacité à se sentir touché et concerné par ce qui arrive à autrui, un autrui qui n'est pas qu'une abstraction, mais un autre individu, présent à côté de moi ou en face de moi.

Au demeurant, s'il est une chose que la crise sanitaire vient de nous rappeler avec une force et une évidence particulières, c'est que nous avons partie liée – que nos sorts dépendent les uns des autres, que notre vie collective n'est pas une abstraction et qu'elle nous engage tous directement. Pour le dire autrement, nous avons repris conscience de notre interdépendance, en nous rendant compte que nos vies personnelles pouvaient se trouver interrompues parce que dans le pays, des dizaines, des centaines de milliers d'autres personnes qui nous étaient, dans leur immense majorité, totalement inconnues se trouvaient être, au même moment, malades. Nous avons appris que la capacité des hôpitaux publics et privés à accueillir des patients pouvait devenir la variable dont dépendait directement notre propre liberté d'aller et venir.

La pandémie nous concernait et nous menaçait à un double titre : elle pouvait nous toucher personnellement et individuellement ; et parce qu'elle pouvait aussi toucher nos voisins ou des inconnus en nombre, elle pouvait paralyser le pays et partant paralyser nos vies. En ce sens, elle nous a fait toucher à nouveau du doigt l'évidente dimension collective de nos vies, le fait que des logiques sociales plus larges la déterminent et peuvent venir percuter la manière dont nous exerçons directement une liberté individuelle qui, à cette occasion, reprend son vrai sens : la liberté est une conquête, le résultat d'une histoire sociale et politique qui a permis aux individus de gagner leur autonomie et de l'exercer.

Reprendre conscience de notre interdépendance

Cette histoire, il faut le dire, ne nous a pas totalement émancipés les uns des autres et tous les penseurs de la modernité politique et sociale – qu'ils se nomment Tocqueville, Durkheim ou Marx – ont eu beau jeu de pointer que la libération individuelle s'accompagnait d'une dépendance effective accrue, tout en soulignant qu'elle la rendait moins visible. La division sociale du travail et, plus largement, des tâches était et est toujours une évidence ; elle a trouvé, au cours des dernières décennies, à s'exercer non plus simplement entre individus au sein d'une même communauté, mais entre nations. La découverte, brutale, des effets d'une fermeture de la Chine en a été une nouvelle preuve. Nous n'avons sans doute jamais été aussi dépendants les uns des autres, mais cette dépendance économique et sociale avait comme contrepartie une liberté individuelle, exercée non seulement dans la vie privée, mais dans une large partie de la vie publique, qui masquait cet état de dépendance. Cette liberté n'avait rien de théorique : elle s'est traduite dans les mœurs comme dans les esprits et trouvait sa première assise dans une amélioration effective des conditions de vie du plus grand nombre.

C'est cette interdépendance dont nous venons de prendre à nouveau conscience, dans la mesure où elle a, pour la première fois depuis si longtemps, affecté de manière visible l'exercice de notre liberté individuelle prise dans ses manifestations la plus quotidienne – la liberté d'aller et venir, par exemple. Il est sans doute possible de voir dans cette situation quelque chose d'exceptionnel et qui ne se reproduira pas, sur le mode du : « on ne voit cela qu'une fois par génération ». Je suis profondément convaincu du contraire. Ce que la pandémie nous a imposé en l'espace de quelques semaines, c'est ce que l'urgence environnementale ne tardera pas à nous à imposer à nouveau, vraisemblablement de manière plus progressive et plus diffuse : la conscience renouvelée du fait que nos sorts sont liés.

La parenté entre épidémie et changement climatique est double : d'abord parce que l'une et l'autre mettent en évidence notre interdépendance, au sens où notre destin est par nature partagé et où nul ne peut espérer s'émanciper du sort commun ; ensuite parce que cette interdépendance n'est pas seulement un constat intellectuel, mais trouve à s'instancier quotidiennement à l'échelle du comportement individuel lui-même. La pandémie a remis en cause nos contacts quotidiens, la manière dont nous nous rencontrons, nous nous saluons, nous nous étreignons ; le changement climatique nous impose de changer plus de gestes quotidiens encore, de trier nos déchets, de faire évoluer nos modes de transport, de modifier nos habitudes alimentaires – et ce n'est que le début. Ce sont une infinité de petites choses, que l'on peut considérer comme peu significatives, mais dont nous étions, jusqu'ici, seuls à décider. Elles deviennent désormais socialement signifiantes, nous leur prêtons désormais des conséquences qu'elles n'avaient jamais eues à nos yeux et parce qu'elles ont des conséquences sur notre sort commun, commence à se faire jour l'idée que ni notre propre comportement ni celui d'autrui ne sont indifférents. Se profile alors l'idée de normes nouvelles devant s'imposer à chacun.

Nous sommes au début d'une nouvelle époque de notre vie collective, une époque où la norme sociale va réinvestir le détail de notre vie quotidienne et venir ainsi enserrer notre liberté individuelle dans un réseau de contraintes qui seront à nouveau fines. Dire cela, ce n'est pas porter un jugement ou s'apprêter à dénoncer une forme de despotisme écologique : c'est simplement formuler un constat, celui d'une réduction de la sphère d'exercice de la liberté individuelle, qui peut ou ne pas être légitime selon le cadre dans lequel elle intervient. Nous sommes au début de ce chemin. Pour l'heure, le débat sur la contrainte est macroscopique : il se fait à l'échelle des États qui débattent les uns avec les autres de grands objectifs liés au développement durable. À l'échelle nationale, les normes commencent à se multiplier, mais nous n'avons pas encore totalement perçu l'ampleur qui sera bientôt la leur. À l'échelle locale, enfin, c'est-à-dire à l'échelle de collectifs d'individus qui peuvent se croiser et souvent se connaissent, l'heure est encore aux initiatives ancrées dans des communautés – au sein des familles, des associations et, parfois, des municipalités.

Quelle place pour les libertés individuelles face aux catastrophes à venir ?

En principe, les choses sont assez simples, précisément parce que la crise écologique est par nature une situation où l'intérêt de tous et l'intérêt de chacun coïncident si on les prend globalement. Cette configuration constitue la matrice même de toute la réflexion ayant donné naissance à l'idéal démocratique, qui n'a jamais été formulé de manière plus pure que Rousseau dans *Du contrat social* définissant ainsi le problème : faire que « chacun s'unissant à tous n'obéisse pourtant qu'à lui-même et demeure aussi libre qu'auparavant ».

Reste à savoir que faire précisément ou dans le détail – domaine qui depuis toujours est, soit dit en passant, celui du pouvoir exécutif par opposition au pouvoir législatif. Or ce « que faire précisément ? » pose la question du champ des possibles – un champ qui n'est jamais balisé *a priori*, qui n'est pas qu'une affaire abstraite, mais qui s'arpente, se découvre et se construit largement par l'expérience, ce qui rend les choses encore plus difficiles dans des situations de crise qui limitent la portée des enseignements du passé en nous confrontant à des réalités nouvelles.

Expérimenter pour valider de nouvelles approches

La crise environnementale qui vient a, quant à elle, une caractéristique, qui est aussi paradoxalement une chance : nous savons à peu près ce qui nous attend et à peu près ce qu'il faudrait faire. Autrement dit, nous avons tout ce qu'il faut pour pouvoir essayer de mettre en place et évaluer posément, mais résolument des protocoles d'action, afin de mesurer l'efficacité effective des différentes stratégies et, le cas échéant, élargir la palette des possibilités, ce qui offrira toujours plus de place à la liberté individuelle et à la prise en compte des situations locales. Le sujet central dans tout cela, c'est celui des comportements individuels : comment influer sur eux de manière fine ? Comment éviter de n'avoir pour seul ressort que l'interdiction ou la restriction pure et simple ? Comment les faire évoluer en gardant une place pour la liberté ? Toutes ces questions sont centrales et complexes. Les résoudre suppose de produire du savoir, au croisement des sciences dures et des sciences humaines, là où se niche le concept même de comportement. Cela suppose également, je l'ai dit, de pouvoir tester, expérimenter et évaluer, toutes choses que nous savons mal faire, à la fois parce que la notion d'expérimentation dans le champ de la vie collective reste difficile à faire vivre et parce que la décision politique avance à un rythme qui n'est pas celui de telles procédures très structurées.

Pourtant, l'enjeu aujourd'hui n'est pas seulement d'agir, mais de chercher à construire des modalités d'action qui soient les plus fines et les plus inventives possible. Est-ce à dire qu'à ce compte, nous éviterons de remettre en profondeur en cause notre mode de vie ? À l'évidence non et en appeler à l'ingéniosité humaine pour s'épargner tout changement profond des habitudes est une illusion. Mais la contrainte générale et absolue a un prix et que ce prix est élevé. Il mérite d'être payé au nom de la protection de tous et de chacun, mais pour autant, il n'est pas illégitime de chercher à l'alléger en ouvrant la voie à l'émergence de modalités d'action nouvelles et aussi diverses que possibles. Nous avons besoin d'expérimenter.

Sommes-nous prêts à nous engager dans cette voie ? Tout concourt ou presque à rendre cela impossible : notre génie national de la norme, qui doit être nationale et identique pour tous, sauf à créer des inégalités ; l'organisation de l'État, qui a creusé l'écart entre un niveau national réputé élaborer des stratégies et un niveau territorial réputé opérer les politiques publiques, sans que l'un et l'autre niveau ne soient réellement capables de travailler ensemble pour que le « concevoir » et le « faire » se construisent effectivement ensemble et se nourrissent l'un l'autre.

Miser sur les foyers d'initiatives

Le salut pourrait venir – et viendra sans doute – de l'extérieur de la sphère étatique au sens le plus étroit. Cela suppose toutefois d'être capable de s'appuyer plus fortement et plus durablement sur les forces sociales qui portent en elles, par nature, la capacité de penser et de faire différemment : le monde scientifique, tout d'abord, ce qui exige de renouer le fil brisé qui permettait il y a un siècle aux travaux académiques et aux réflexions politiques de se nourrir réciproquement. Au-delà du monde scientifique lui-même, il y a, dans notre pays, une somme considérable de projets et d'initiatives qui, à leur échelle, font bouger les choses, dans des registres extrêmement divers : cela est vrai de la multiplication des start-up qui s'efforcent, autour de problématiques matérielles très déterminées, de construire des réponses susceptibles d'être efficaces et donc de rencontrer le succès commercial ; cela est vrai aussi du nombre considérable d'initiatives prises, à l'échelle locale, par des associations ou par de petits groupes d'individus décidés à faire autrement. Aucun de ces phénomènes n'est nouveau, en soi. Avant les start-up, il y avait des PME – et même de très jeunes PME. Avant les initiatives citoyennes plus ou moins autogérées, il y avait des associations. La différence n'est donc pas de nature. Elle tient à l'esprit qui irrigue ces collectifs humains : ils se constituent en réaction à la défaillance d'ensembles sociaux plus importants, qui ne parviennent plus à résoudre certains problèmes, si tant est qu'ils y soient jamais parvenus, et s'efforcent de démontrer qu'il est possible de faire – mais différemment. Le plus frappant, à cet égard, est de constater combien, dans un cas comme dans l'autre, ce qui caractérise ces formes d'action collective est qu'elles ne se définissent ni comme purement individuelles ni comme purement collectives : dans un cas comme dans l'autre, il s'agit de faire naître un petit groupe de personnes décidées à résoudre ensemble un problème d'intérêt plus large, sans pour autant prétendre, à un titre ou un autre, faire école ou conduire à la création de collectifs de plus grande ampleur. Les start-up ont une relation paradoxale aux grandes entreprises, tout comme les initiatives citoyennes aux partis politiques et aux politiques publiques.

Il peut paraître curieux de rapprocher start-up et initiatives citoyennes, tant l'une et l'autre semblent relever de deux logiques différentes, la première appartenant à l'univers de la réussite économique et l'autre de l'engagement social. Il est vrai que les différences entre ces deux mondes sont multiples. Mais à bien y regarder, il y a des parentés et c'est sur elles que je veux m'arrêter : ce qui les caractérise, en effet, c'est que les unes comme les autres naissent du sentiment d'une défaillance des acteurs constitués et de la conviction qu'il est possible, à quelques-uns, de commencer à trouver une forme de solution à un problème sur lequel d'autres, déjà présents sur le marché ou déjà actifs, ont achoppé. Sans doute cela revient-il à « romantiser » en partie la naissance de ces collectifs humains, en donnant une place trop importante à la logique de groupe et en idéalisant leurs intérêts de départ. Mais c'est précisément cette « romantisation » qui m'intéresse, car elle possède une force propre : elle exprime une sorte de conviction, en partie naïve et en partie fondée, que rien n'est impossible et qu'en tout cas, il est possible d'essayer, car le jeu en vaut la chandelle. Il y a là une source d'énergie, qui ne garantit pas le succès, mais sans laquelle ce dernier ne peut survenir.

Que cette énergie existe et ait existé dans notre société est une évidence. Ce qui est nouveau et qui frappe aujourd'hui, en revanche, ce sont les canaux par lesquels elle s'exprime : elle ne semble plus passer par les institutions et les voies habituelles, mais par d'autres, qui ont toutes la caractéristique de se situer en quelque sorte aux marges du « système ». Ce dernier terme est tout à fait imprécis, mais ce qu'il désigne compte moins que ce qu'il signifie pour ceux qui l'utilisent, à savoir le sentiment que dans un cadre traditionnel, rien ne serait possible. Ici encore se perçoivent les effets du sentiment d'empêchement, qui conduit également à considérer que les espaces traditionnels d'expression, qu'ils soient politiques ou économiques, ne sont plus les bons si l'on veut faire quelque chose ou en tout cas quelque chose de différent ou de significatif. Ce sentiment mérite que l'on s'y arrête, moins par ce qu'il porte de négatif que de positif : il exprime également une envie de faire. Celle-ci n'a pas disparu et reste intacte. Reste à savoir comment capitaliser sur elle pour répondre aux défis qui sont devant nous.

Il ne s'agit pas, bien entendu, de dire que les problèmes majeurs du pays pourraient trouver leur solution dans l'action d'une start-up ou la généralisation d'une initiative citoyenne. Mais il est tout aussi certain – et la crise l'a montrée – que si nous devons durablement nous installer dans un régime de crise, i. e. dans une situation où la protection de tous et de chacun impose une remise en cause profonde de nos habitudes quotidiennes les plus matérielles, nous ne trouverons pas dans la manière dont les politiques publiques sont usuellement conduites les manières de faire et les habitudes de penser nécessaires pour imaginer, évaluer et déployer toute la palette de solutions concrètes permettant d'agir différemment. Je veux dire par là répondre aux urgences nationales, voire globales, autrement qu'en répliquant de vastes plans d'action, largement indifférenciés dans leurs modalités, qui finiront, à un moment ou à un autre, à être remis en cause précisément parce qu'ils ne laissent aucun espace aux initiatives individuelles. *A contrario*, il est tout aussi certain que le dynamisme et l'inventivité, parfois tout à fait remarquables, qui se manifestent dans un grand nombre d'initiatives citoyennes ou de start-up n'ont que de très faibles chances de changer durablement la donne si elles ne sortent pas, à un moment, du champ de la démarche locale et circonstanciée d'un groupe de personnes cherchant ensemble à résoudre un problème déterminé pour devenir, effectivement, la composante d'une solution plus large à un problème plus large. Autrement dit, il paraît indispensable, à partir de ces initiatives, de construire des collectifs plus étendus tout en élargissant encore le niveau d'ambition, sans perdre au passage ce qui fait la valeur de ces démarches, à savoir être mues profondément par la volonté de faire et la recherche de résultats concrets.

Agir par le haut et par le bas

Autrement dit, ce dont nous avons besoin, dans les temps de crise qui commencent, ce n'est pas d'un nouveau commissariat général au plan dont la tâche principale serait de concevoir et déployer, à l'échelle nationale, une stratégie tout aussi nationale. Entendons-nous : une démarche de ce type peut être utile, elle est peut-être même nécessaire, mais elle n'est évidemment pas suffisante. Ce dont nous avons vraiment besoin, c'est d'être capable de définir clairement les objectifs que nous devons collectivement atteindre, de la manière la plus précise et la plus concrète qui soit, et de nous rendre tout aussi capables de concevoir et de déployer, dans le même temps, des cadres politiques nationaux faisant une vraie place aux initiatives de toutes sortes. Cela veut dire lancer, en parallèle, des vagues de recensement et d'accompagnement des expérimentations d'ores et déjà engagées ou qui pourraient s'engager – et en s'appuyant sur elles, pour élargir le champ des experts associés à la conception et à la mise en œuvre de ces stratégies, non pas dans une logique de substitution ou de concurrence, mais d'addition ou de démultiplication. Ce va-et-vient est extrêmement difficile à réaliser en pratique, mais il est crucial pour créer une sorte de cercle vertueux entre la conception de la stratégie globale et l'accompagnement des actions territoriales qui engagent tous ceux qui font.

Cela suppose des déplacements bien plus profonds qu'il n'y paraît. D'un côté, il s'agit d'accompagner des femmes et des hommes qui se sont sentis assez concernés par certaines questions, tout en choisissant explicitement de le faire à un niveau et dans des conditions qu'ils maîtrisent, à entrer dans des dynamiques de conception et d'action plus larges, au risque, à leurs yeux, de perdre leur temps ou leur âme. Cela n'a rien d'une évidence. De l'autre côté, il s'agit d'amener la sphère publique et en son sein les décideurs nationaux qui ont, quoi qu'on en dise, la conviction profonde d'être seuls à être à la fois capables de définir l'intérêt public et d'agir en ce sens, à accepter qu'ils n'aient pas de monopole à ce double titre – ou plutôt que ce monopole cesse quand les circonstances le mettent en échec. Là aussi, rien n'est plus étranger au fonctionnement de la sphère publique dans son ensemble qu'à cet effort et cette volonté d'accueillir des manières différentes de penser et de faire, par leur nature comme par leur échelle.

Est-il possible de parvenir à réaliser ce double déplacement ? Je l'ignore, mais ce qui peut le rendre possible, c'est la prise de conscience qui a été placée au cœur de ce chapitre : c'est le fait de se sentir concerné, au double sens où l'on se sent engagé par ce qui se joue et où se sent prêt et désireux de contribuer à la solution du problème identifié.

Réapprendre à entrer en relation les uns avec les autres

Encore faut-il que nous fassions la place, dans la période qui s'ouvre, à une attention effective pour autrui, en cherchant à prendre soin les uns des autres. Le sentiment d'interdépendance évoqué plus haut a en effet deux faces : il m'apprend qu'en prenant soin des autres, je prends soin de moi et qu'en prenant soin de moi, je prends soin des autres. Ne retenir qu'une partie du raisonnement, c'est prendre le risque de faire face, très vite, à une querelle d'ego prétendant tous à l'universel – autrement dit, de voir chacun prétendre prendre soin de tous en suivant ce que lui dicte sa conscience ou son intérêt. Ce n'est pas parce que nos intérêts individuels sont, en théorie, identiques ou à tout le moins alignés qu'ils n'entreront pas, dans le détail, en tension. Là aussi, la crise a apporté son lot d'exemples, tristes ou heureux. Elle a vu des voisins prendre en charge des personnes âgées de leur environnement immédiat, comme elle en a vu d'autres vouloir imposer des précautions supplémentaires aux soignants résidents dans leur immeuble ou s'épuiser en imprécations contre tous ceux qui ne « respectaient pas les règles », à proximité immédiate comme dans l'ensemble de la société. Ce qu'il nous faut retrouver, dans la période qui commence, c'est le sens de l'autre – non pas d'une manière abstraite, mais de manière concrète et pour tout dire incarnée. Nous savons que les tensions seront multiples, que les antagonismes vont s'exacerber, que des boucs émissaires seront recherchés. Nous savons qu'au nom de l'intérêt de tous, la place de certains sera remise en cause. Cela sera d'autant plus vrai que la crise environnementale imposera – cela a déjà été dit – à la norme d'entrer toujours plus dans le détail de la vie individuelle de chacun.

C'est pourquoi nous avons tous besoin – et ce « nous » définit la société au sens le plus fort du terme – qu'autrui ne soit pas une abstraction et que nous ne puissions avoir aucun débat de principe sans que ceux qui sont directement concernés par ce débat ne soient, d'une manière ou d'une autre, partie prenante de ce débat. Nous avons plus que jamais besoin d'être mis en présence les uns des autres. Cela ne changera pas forcément la nature des réponses que nous apporterons, mais cela évitera que les controverses se soldent par l'un de ces *vae victis* que l'on finit toujours par payer collectivement. Sans doute les nouvelles formes de pratique démocratique évoquées dans le chapitre précédent, comme la démultiplication des initiatives créatives mentionnées plus haut produiront-elles des effets positifs en ce sens. Elles contribueront à ce que la société n'ait pas la nature d'une abstraction et à ce que l'on ne décide du sort commun qu'en gardant à l'esprit que les lois et les normes s'appliquent à des êtres de chair et de sang, aussi faibles et aussi forts que nous pensons l'être. Mais cela ne suffira sans doute pas si nous ne sommes pas capables, dans le même temps, de redonner à l'exercice effectif de l'attention à autrui toute sa place – autrement dit au soin, pris dans son acception la plus forte et la plus large. Cela exige, au passage, que nous parvenions à reconnaître que l'établissement et l'entretien d'une relation avec autrui, tout comme le fait de lui donner l'attention qu'il mérite, sont des choses qui n'ont rien d'une évidence, qui s'exercent, parfois s'apprennent et surtout méritent d'être reconnues.

J'invite ceux qui en doutent à se rendre dans un hôpital ou dans une salle de classe, à mettre entre parenthèses quelques instants leur vision spontanée des choses et à observer. Je ne compare bien évidemment pas les infirmiers aux enseignants et *vice versa*. Je dis simplement que quelques heures passées à regarder un infirmier ou une infirmière accueillir et orienter les patients à l'entrée d'un service ou un professeur faire cours face à des classes qui se succèdent et qui ne sont jamais exactement les mêmes suffisent, pour qui veut bien se rendre attentif, à toucher du doigt ce que veut dire établir une relation ouverte et attentive aux personnes qui ont besoin de cette relation, sans toujours en avoir conscience et qui sont loin de toujours exprimer du respect et de la reconnaissance. Dire cela, ce n'est pas seulement dire que ces professions ne sont pas reconnues à leur juste valeur. C'est une évidence. C'est aussi dire que prendre soin d'autrui n'est pas une aptitude spontanée, mais une qualité et une disposition qui se construit, s'éduque et s'exerce, pour devenir, dans le contexte professionnel, une compétence. Or s'il est une chose certaine, c'est que dans la description que nous faisons de ces professions comme de bien d'autres, nous faisons toujours l'impasse sur cette dimension, pour valoriser des compétences ou des modalités d'exercice qui semblent faire plus de place à un savoir théorique et abstrait, en faisant ainsi l'impasse sur ce qui fait leur singularité et une large part de leur valeur.

Il ne s'agit pas, là aussi, d'en appeler aux oppositions éculées entre théorie et pratique, entre abstraction et pragmatisme, entre aptitude conceptuelle et qualité relationnelle. Ces oppositions n'ont précisément aucun sens, dans la mesure où elles sont deux faces d'une même réalité : il est impossible d'aller au bout de quelque projet que ce soit avec un minimum d'efficacité sans déployer toutes ces dimensions d'une intelligence humaine qui est, par nature, une intelligence active, c'est-à-dire une intelligence tournée vers le fait de transformer le monde et la relation qu'elle entretient avec les autres. J'en veux pour preuve la polysémie même de l'idée de se sentir concerné : elle relève à la fois du concept et du sentiment, de l'individuel et du collectif, elle part de l'abstrait pour mener, dans un même élan, à l'action concrète qu'elle appelle. C'est cet appel, précisément, que nous sommes si nombreux à ressentir à présent et c'est à cet appel que nous devons, ensemble, répondre, chacun à notre manière, sans doute, mais sans oublier qu'il nous unit.

Conclusion

Un langage nouveau pour des temps nouveaux

Je suis entré à l'École normale supérieure il y a près de vingt-trois ans de cela, après avoir passé mes années de classe préparatoire à apprendre à lire et à écrire, dans l'acception la plus large et la plus stimulante du terme. Depuis lors, j'ai construit une large part de ma vie professionnelle sur cette capacité à lire et à écrire. J'ai lu et écrit des milliers de pages, des rapports, des notes, des tribunes et des discours. Au fond, s'il est une chose que je fais bien, c'est celle-là : lire et écrire.

Jusqu'ici, cet exercice ne m'avait jamais paru vain. Je mettais même un point d'honneur à montrer à qui le voulait bien qu'il était possible de parler, avec clarté, de tous les sujets qui sont au cœur de l'action publique, d'en exprimer les enjeux, les mécanismes élémentaires et d'isoler, à partir de là, les raisons pour lesquelles les autorités politiques ou administratives choisissaient, à un instant donné, d'agir d'une manière déterminée.

Je crois profondément au langage et à la possibilité, dans la vie politique, de construire et de partager dans le débat public des intentions, des orientations et des décisions. C'est cela qui a toujours porté le philosophe rangé des voitures et le haut fonctionnaire en activité que je suis toujours.

La crise a été, pour moi comme pour bien d'autres, une épreuve personnelle et professionnelle. Je sais que l'intensité de telles périodes conduit nécessairement à exagérer l'importance des enjeux et des ruptures, *a fortiori* lorsqu'elles ont été l'occasion de rencontrer quelques succès doublés de déceptions et parfois de blessures. J'ai essayé, dans toute la mesure du possible, de mettre de côté ces sentiments en écrivant ce livre, pour n'en retenir que ce qui, à mes yeux, était véritablement essentiel.

Or au sortir de cette crise, ce qui me frappe, c'est que le langage que j'ai toujours parlé et écrit, dans lequel je pense et je travaille, me paraît désormais profondément périmé. Pour la première fois de mon existence, j'ai l'impression de ne plus parvenir à décrire justement le réel, à ne plus nommer efficacement les maux, à ne plus décrire précisément les problèmes et, partant, à ne plus savoir formuler justement les solutions.

Ce langage que je parle, c'est celui qui a cours au sein de l'ensemble des dirigeants publics depuis des décennies. Jeune « plume » de ministre, j'étais émerveillé de retrouver ce style, cette manière d'écrire solennelle et limpide en reprenant les discours prononcés par ceux qui avaient fait l'histoire du pays quelques décennies auparavant. Ce style est difficile à décrire, c'est un mélange d'éloquence politique plus ou moins sensible et de savoir technocratique implicite, mais essentiel, une sorte de réconciliation du fond et de la forme, en ne transigeant ni sur l'un ni sur l'autre. Depuis plus de soixante-dix ans, c'est le langage de ceux qui parlent au pays et qui décident en son nom et avec son accord. C'est le langage de notre vie collective, celui qui fonde notre manière commune de penser et d'agir depuis bien longtemps.

Lorsque je dis que ce langage est périmé, je dis en réalité deux choses : d'une part, que je suis toujours capable de le parler et de penser, à travers lui, nombre des réalités politiques, économiques et sociales du pays, ce qui signifie qu'il n'a pas perdu tout lien avec la réalité ; et qu'en même temps, j'ai le sentiment qu'il est épuisé comme de l'intérieur parce qu'il ne permet ni de bien comprendre ce qui fait problème ni de bien construire les solutions. En un sens, il ne me parle plus, comme il ne parle plus au pays lui-même. Sans doute ne lui parlait-il plus, d'ailleurs, bien avant de ne plus me parler : le lecteur voudra bien, j'en suis sûr, me passer ce nouvel accès d'égocentrisme.

La crise ne peut, à elle seule, être la cause d'un tel sentiment. Elle est venue accélérer, démultiplier, catalyser ce sentiment diffus de ne plus savoir parler justement des questions que l'on évoque dans l'espace public. Reconnaissons-le, ce langage, qui unit l'ensemble de la classe dirigeante républicaine, a toujours cours dans le débat public. Le sentiment qui est le mien pourrait bien se trouver être minoritaire. Si je ne le crois pas, c'est que j'ai eu la chance d'évoquer cette question avec bien d'autres que moi – et que ce sentiment d'un blocage de la langue, de la pensée politique et, au-delà, de notre capacité à faire ensemble se trouve être partagé aussi bien par des intellectuels hors de tout système que par des personnages publics de premier plan.

C'est pourquoi la capacité à forger une nouvelle manière de décrire les grands problèmes que nous partageons et d'imaginer des solutions me paraît être l'urgence première, celle qui devrait nous occuper tous.

Je crois que nous sommes capables de mener cette tâche à bien, à la condition de nous appuyer sur les forces que la crise a mises à nouveau en lumière.

La première de ces forces est l'exigence de faire. Peut-être ce rappel permanent de la nécessité d'agir et de rechercher des résultats peut-il sembler décalé à ceux qui se tiennent éloignés du débat public, mais en réalité, celui-ci est entièrement absorbé par les questions de principe, illustrées par deux ou trois anecdotes. On ne parle pas ou très peu de l'action concrète, prise dans ses détails – en général, l'on remonte très vite au stade des principes les plus généraux et les plus abstraits, pour ne jamais en sortir. L'État n'échappe pas à ce mal, à un point qui désormais me met mal à l'aise. Nous avons besoin d'une vie publique qui débatte moins de principes ou de valeurs pour évoquer les questions précises qui se posent et les choix associés. Le diable n'est jamais dans la stratégie, sauf lorsqu'elle est vague et dépourvue de sens, mais le plus souvent dans le détail de ce qui peut être fait, comment et avec qui. À dire vrai, il se pourrait même que le cœur de l'action publique ne soit pas dans la définition des objectifs, mais dans la capacité à mobiliser effectivement tous ceux qui sont partie prenante de la solution pour leur permettre de la réaliser effectivement ensemble.

La seconde de ces forces est le goût du collectif. La crise a la vertu, pour ceux qui l'affrontent effectivement, de guérir immédiatement de l'ivresse des sommets. Le succès se mesure bien plutôt à la capacité à réunir effectivement autour de soi des gens qui veulent faire et qui, à leur tour, en mobilisent d'autres pour faire ce qui doit être fait. L'une des plus grandes joies de la crise a été de rassembler des personnes unies par un même objectif et de construire avec elles le plan et ses modalités de mise en œuvre précises, là où, en temps normal, le principe hiérarchique dissocie, en permanence, les niveaux de conception et les niveaux d'exécution.

La troisième de ces forces est le goût des idées. Je ne parle pas des principes. Nous avons la chance, en France, d'avoir un consensus national quasi complet sur l'essentiel des principes politiques qui structurent notre vie collective. Notre difficulté principale tient à la confusion permanente entre ces principes et les institutions politiques et sociales qui ont été construites pour en garantir la réalité. Notre goût des principes nous amène à considérer que leurs modalités de mise en œuvre sont et doivent être immuables. Il n'en est rien. C'est pour cela que nous avons besoin d'idées, au sens d'approches originales permettant de faire autrement et mieux. Ce goût des idées est un peu éteint ; il semble que la crise sanitaire et la crise environnementale l'aient allumé à nouveau ; il faut entretenir cette flamme, pour qu'elle puisse inspirer des manières nouvelles.

Voici soixante-dix ans que nous entretenons, avec une fidélité qui a naturellement du sens, l'édifice monumental construit au sortir de la Seconde Guerre mondiale qui a pour nom l'État, autrement dit le cadre qui nous permet de construire notre vie et notre action communes.

Je forme l'hypothèse que cette fidélité devient désormais un fardeau, parce qu'elle conduit à mesurer toute l'audace d'un projet politique à sa capacité à s'écarter très légèrement de cet héritage pour explorer des pistes nouvelles tout en réaffirmant notre volonté de ne rien changer à ce programme formulé en 1944.

Nous savons pourtant que nous allons au-devant de crises d'un genre nouveau, par elles-mêmes comme par leur addition. Nous venons de traverser deux périodes troublées en l'espace de quelques mois – l'une politique et sociale, avec les Gilets jaunes, l'autre globale, avec la crise sanitaire, sans parler de l'offensive russe en Ukraine et de ses multiples effets. Les enjeux qui sont devant nous sont plus élevés encore. Ils exigent de nous que nous trouvions des voies d'action inédites et que nous soyons capables de construire un consensus autour d'elles. Autant dire que, dans ce contexte, la fidélité ou la loyauté et, plus généralement, l'esprit de conservation ne peuvent plus tenir lieu de seule boussole.

Mais nous ne serons pas à la hauteur de cette exigence de refondation si nous abordons les épreuves qui viennent avec les outils intellectuels de la génération qui exerce aujourd'hui les plus hautes responsabilités ou s'apprête à y parvenir. Cette lente succession des générations ne permettra pas de faire face à l'urgence environnementale. Nous allons devoir revoir nos modes de vie pour préserver la possibilité d'une existence humaine. Nous allons devoir faire autrement et nous ne pourrons pas le faire si nous n'agissons pas avec et pour la jeunesse. Agir avec elle, écouter ce qu'elle propose, comprendre ce qu'elle ferait différemment peut nous permettre de gagner des décennies qui nous seront cruciales.

La génération à laquelle j'appartiens, celle des quadragénaires, doit se mettre au service de la jeunesse du pays et construire, avec elle, le programme collectif dans lequel s'engagera la société française. Elle doit le faire en espérant qu'ailleurs dans le monde, cette même démarche ait lieu au même moment. Pour y parvenir, il ne suffira pas d'essayer de se mettre à la place de ceux qui ont aujourd'hui 20 ou 30 ans, mais de les associer, très directement, à l'exercice effectif du pouvoir politique.

De cette alliance peuvent, je le crois, naître bien des pistes nouvelles. Ceux qui ont mon âge n'ont pas encore perdu toute foi dans la capacité de la science et des techniques à nous donner des armes inattendues pour prendre le tournant qui est devant nous. Encore faut-il, pour que cela ait du sens, que soit non seulement entendue, mais prise en compte l'exigence portée par la jeune génération d'un tournant radical dans nos existences. L'inventivité scientifique et technique ne peut tenir lieu de prétexte à l'inaction ou aux demi-mesures. De la même manière, le sens du collectif qui se fait jour dans nombre d'initiatives lancées, hors de tout cadre, par la jeune génération peut nous permettre de revivifier des cadres collectifs de pensée et d'action qui sont aujourd'hui largement imperméables à ces manières différentes de faire et d'agir.

Nous pourrons aussi élaborer ensemble un nouveau langage commun, c'est-à-dire une manière différente de parler du pays, des épreuves qui sont devant nous, des actions collectives qui permettent d'y faire face et nous pourrons nous retrouver autour de cette langue nouvelle forgée pour des circonstances et des temps nouveaux.

Si nous ne le faisons pas, il se passera ce qui se passe aujourd'hui : notre débat public tournera autour des mêmes vieilles lunes, des mêmes vieux débats, outrés, épuisés, rancis. Nous avons besoin de changement. À ceux qui le veulent et qui l'incarnent de se réunir et de montrer, une fois encore, que la fausse monnaie ne chasse pas toujours la bonne et qu'il y a, dans notre pays, de la place pour une construction collective de notre avenir commun.

Mais comment faire ? Car ce sentiment qu'il faudrait faire quelque chose de différent est, je le crois, très largement partagé. Je tourne autour de cette question depuis près de trois ans.

Il me semble que la meilleure manière de faire est de faire émerger des lieux et des cadres qui permettent à tous ceux qui partagent ce sentiment qu'il faudrait faire autrement de se retrouver. Bien entendu, il faut commencer petit, mais la disproportion entre l'ampleur de l'objectif et la relative faiblesse des moyens pour y parvenir n'est pas un sujet en soi. Le problème n'est pas de commencer petit, mais de concevoir d'emblée les choses pour qu'elles puissent grandir, pour qu'elles aient dès le début l'élan et l'esprit qui permettent d'aller plus loin. Il faut que l'ouverture et le mouvement soient les principes fondamentaux autour desquels les initiatives grandiront.

Il y a d'ores et déjà dans notre pays un nombre considérable de projets, associations, clubs, lieux ou mouvements qui s'efforcent, à leur mesure, de réfléchir ou de faire autrement. Leur point commun est de se construire d'emblée « à part », comme des exceptions remarquables, parfois fermées sur elles-mêmes et en tout cas pensées pour rester portées par un petit nombre de personnes engagées dans la démarche.

L'enjeu, à mes yeux, est de prendre une option différente, en concevant d'emblée les choses en se disant qu'elles doivent grandir et qu'elles grandiront. C'est à un projet de ce type que j'ai la chance de pouvoir contribuer autour de l'Hôtel-Dieu.

L'Hôtel-Dieu est situé sur l'Île de la Cité. Il borde le parvis de Notre-Dame-de-Paris. La légende veut que le premier hôpital de Paris ait été fondé là, en 651. Ce qui est certain, c'est que l'un des grands hôpitaux médiévaux français s'est établi sur l'île et a grandi au fil des siècles, avant de brûler au XVIIIe siècle, puis d'être reconstruit, un siècle plus tard, au nord du parvis, cette fois-ci. Ce site et ce nom incarnent, par-delà la succession des siècles, quelque chose comme l'exigence de construire et de faire vivre des lieux ouverts destinés à accueillir et à prendre soin de tous ceux qui en ont besoin.

Une large part de l'histoire de la médecine française s'y est écrite.

Mais ce qui a fait l'élan et le rayonnement de cet hôpital exceptionnel sont devenus, au fil du temps, des fragilités. Il n'y a pas de foncier disponible sur l'Île de la Cité et l'Hôtel-Dieu n'a pas pu, comme d'autres hôpitaux ayant marqué l'histoire, s'étendre progressivement à la façon d'une Pitié-Salpêtrière ou d'un Kremlin-Bicêtre. Le bâtiment lui-même, magnifique avec sa grande cour profonde, ses arches et ses portiques d'inspiration florentine, pose des difficultés redoutables : construit au XIXe, il se prête mal à la médecine moderne, les équipements lourds y rencontrent des problèmes de portance et ses hautes galeries ne sont pas faites pour accueillir les plateformes dont a besoin le soin moderne.

Tout cela a conduit à poser, de manière régulière depuis des décennies, la question du devenir de l'Hôtel-Dieu. Parce qu'il est l'un des symboles de l'hôpital et de l'esprit hospitalier, il est inconcevable qu'il connaisse le même sort qu'ont connu d'autres hôpitaux dénommés Hôtel-Dieu, à Marseille ou à Lyon, par exemple. Il doit rester un hôpital. Mais pour toutes les raisons qui viennent d'être rappelées, il ne peut plus être un hôpital comme les autres. Il peut et doit devenir autre chose.

C'est tout le sens du projet qu'ont construit Martin Hirsch, Frédéric Batteux, Julie Gründlinger et bien d'autres. Nicolas Revel, auprès duquel j'ai eu la chance de pouvoir continuer ma mission, l'a repris et poursuivi, en lui donnant un sens nouveau, puisqu'il contribue à nourrir les actions qu'il a engagées au service de l'attractivité retrouvée de l'AP-HP – un chantier cardinal pour sortir d'une crise longtemps larvée et désormais visible qui se traduit d'abord par le départ d'un nombre toujours plus grandissant de soignants. Dans ce grand effort collectif, minutieusement structuré et piloté et qui produit ses premiers résultats positifs, le renouveau de l'Hôtel-Dieu n'est bien sûr qu'une pierre parmi d'autres, mais une pierre qui peut être symbolique et centrale en mettant en lumière la capacité de l'hôpital public à rayonner et à prendre les devants des transformations qui viennent, en y jouant un rôle pivot.

Ce projet pour l'Hôtel-Dieu comprend d'abord la rénovation de la partie nord de l'hôpital autour d'un projet médical tourné vers la prise en charge ambulatoire des patients, notamment chroniques. Autrement dit, l'Hôtel-Dieu, à quelques exceptions près, n'est plus un hôpital où l'on passe la nuit. C'est un établissement où l'on vient consulter, où l'on est suivi et pris en charge dans des conditions différentes, avec une attention particulière à tous ceux qui sont éloignés du système de santé classique ou qui sont trop fragiles pour s'y retrouver : les jeunes, les demandeurs d'asile, les réfugiés et exilés qui passent souvent à l'Hôtel-Dieu après avoir patienté longuement devant la préfecture de police, mais aussi les femmes victimes de violence et tous ceux qui se présentent, tous les jours, aux portes des unités médico-judiciaires. La forte présence de la psychiatrie parmi les forces médicales du site participe de la même exigence d'accueil et de soin – notamment en urgence. Ce projet a suscité des interrogations, des inquiétudes, des résistances également, mais il rassemble aujourd'hui la communauté médicale parce qu'il est cohérent et stable.

Quant à la partie sud de l'Hôtel-Dieu, elle commence à se transformer pour devenir un grand lieu d'innovation en santé, au sens fort du terme – et non pas au sens faible. Il est aujourd'hui beaucoup question d'innovation, de création d'entreprises. Les espaces d'hébergement qui leur sont destinés fleurissent. C'est extrêmement utile. Mais il n'y aurait aucun sens à faire de ce lieu extraordinaire une sorte d'immense hangar à start-up, posé à part dans un hôpital. L'Hôtel-Dieu, c'est un lieu de soin, de recherche et d'innovation. C'est ce qu'il était hier et c'est ce qu'il sera demain, dans une configuration différente.

Le vrai enjeu, c'est de construire un modèle nouveau de prise en charge des patients, qui s'appuie sur les technologies numériques pour accompagner et soigner différemment. Nous voyons bien que la demande de soin ne va cesser de croître, ne serait-ce que du fait du vieillissement de la population. Nous voyons aussi que nous aurons du mal à faire progresser au même rythme l'offre de soin, alors que nous peinons à garder à l'hôpital ou en ville nos professionnels, qui aspirent eux aussi à construire un équilibre entre vie professionnelle et personnelle et qui peinent parfois à trouver leur compte face à l'usure que peut provoquer le soin chez ceux qui doivent multiplier les heures et les gardes. C'est pourquoi nous devons trouver des moyens de desserrer l'étau qui pèse sur l'offre physique de soin.

La pandémie nous a fait toucher du doigt ce que signifiait, pour le système de santé, toucher ses limites physiques ou matérielles, qui se mesuraient en nombre de lits mobilisables. Les causes en sont multiples et elles appellent des réponses de nature très différentes – l'une d'entre elles ayant bien évidemment été de soutenir et d'exprimer notre reconnaissance collective, sur un plan moral et matériel, aux soignants qui font le choix d'une vie professionnelle qui est dure par nature. Cela ne veut pas dire que l'on ne peut rien faire pour atténuer cette dureté. Mais accueillir, de jour comme de nuit, d'autres êtres humains en profonde souffrance ou détresse, physique ou morale, est une exigence usante, épuisante même. Les soignants le disent.

La consolidation physique du système de santé doit en parallèle s'accompagner d'une démultiplication numérique du soin, pour faire notamment face à l'essor des maladies chroniques, de plus en plus nombreuses dans une population tout à la fois vieillissante et ayant un style de vie dont les impacts sanitaires sont profonds. Il va sans dire que le numérique ne remplacera jamais la prise en charge physique. En revanche, il peut la précéder, la préparer et la poursuivre, en proposant de nouvelles formes de suivi, plus fréquentes parce que virtuelles, aux patients. C'est déjà le cas dans un certain nombre de spécialités médicales et ces stratégies produisent leurs premiers effets.

Mais ce qui est également certain, c'est que même en démultipliant les capacités d'accueil des hôpitaux ou en augmentant démesurément le nombre de médecins exerçant en ville, nous ne parviendrons pas à prendre en charge dans de bonnes conditions les patients multimorbides qui sont de plus en plus nombreux. Ce qui appelle deux types d'action : d'une part, être capable – enfin – de rendre la prévention efficace ; d'autre part, accompagner et suivre différemment tous ceux qui sont ou seront malades pour éviter que leur état ne se dégrade et qu'ils ne doivent être accueillis à l'hôpital.

Au cœur du nouvel Hôtel-Dieu, il y a la volonté de concevoir, expérimenter et valider les nouveaux modèles médicaux qui permettront de faire tout cela, en s'appuyant chaque fois que nécessaire sur les technologies et le numérique. Ce qui est clef, notamment, ce sont les comportements : accompagner les individus dans leurs changements d'habitude de vie, c'est la meilleure manière d'éviter que ne surviennent les maladies chroniques et, lorsqu'elles sont déjà survenues, c'est bien souvent l'une des meilleures manières de vivre avec ces pathologies.

Pour parvenir à faire tout cela, il ne suffit pas d'accueillir des start-up par centaines. L'essentiel est bien plutôt de faire en sorte que soignants, chercheurs, patients et créateurs de solutions numériques puissent travailler ensemble pour mettre au point des innovations qui arrivent vraiment à faire tout cela. J'y insiste, car cela suppose de faire deux choses qui paraissent parfois diamétralement opposées : être en mesure d'oser des approches vraiment différentes, en testant et en expérimentant, tout en se donnant pour objectif non pas d'innover pour innover, mais de produire des résultats réels et mesurables susceptibles d'être répliqués à large échelle. Cela suppose de se confronter à la réalité. Pour le dire autrement, il faut à la fois pouvoir imaginer, créer, dévier du cadre et en permanence se confronter à la réalité, aux obstacles matériels, aux difficultés pratiques de déploiement des solutions, afin de ne pas se payer de mots.

Construire l'articulation entre ces deux dimensions, c'est ce que nous nous efforçons de réaliser dans le cadre de l'initiative baptisée @Hôtel-Dieu, qui tente de créer cet environnement différent dans lequel les uns et les autres peuvent réellement travailler ensemble pour atteindre cet objectif. C'est un objectif à la fois modeste et terriblement ambitieux – parce qu'il ne suffit pas, sur un même site, de faire voisiner des gens très différents pour arriver à ce résultat. Il faut construire avec eux et pour eux un espace commun, il faut être là, avec eux, pour trouver ensemble les bonnes approches, concevoir les bons outils et expérimenter les solutions nouvelles dans le cadre adapté.

C'est tout cela qu'il faut réussir à faire – ce qui suppose de réunir des capacités de penser et de faire venues d'univers très différents. Je ne vois pas d'autre manière d'y parvenir que de leur offrir un lieu où elles puissent converger et des programmes qui leur donnent les moyens et le cadre pour parvenir au but. Ce lieu, c'est l'Hôtel-Dieu, au croisement du soin, de la recherche et de l'innovation – un lieu ouvert, que ce soit sur les autres hôpitaux de l'AP-HP ou de l'Île-de-France, sur la médecine de ville et l'ensemble des professions de santé ; un lieu ouvert sur la meilleure recherche, telle qu'elle se fait par exemple au Centre de recherche en épidémiologie et statistiques (CRESS – Université de Paris Cité – Inserm), dans le laboratoire dirigé par Philippe Ravaud, et capable d'accueillir, comme c'est désormais le cas, une chaire de philosophie avec l'École normale supérieure, une chaire d'économie de la santé avec l'École d'économie de Paris ou un laboratoire commun avec l'Inria et qui, demain plus encore qu'aujourd'hui, a vocation à être connecté aux universités parisiennes, université de Paris Cité en tête. Ce lieu différent est attractif pour les jeunes soignants, nous le sentons déjà, car il leur offre des possibilités différentes et se donne pour objectif de leur permettre de réaliser une bonne partie des projets originaux qu'ils ont en tête et qui dépassent la seule expertise médicale.

Ce projet avance jour après jour. Des pans entiers ont commencé à exister. Je mesure, bien entendu, son caractère circonscrit et localisé. Mais il n'empêche : pour qu'un mouvement s'enclenche, il faut toujours un catalyseur, un lieu central, une étincelle placée à proximité de la mèche, pour déclencher d'autres mouvements, agrandir le cercle, élargir la dynamique. Ce n'est pas un simple acte de foi, car la petite communauté qui s'est construite ici ne cesse de grandir et d'attirer un nombre croissant d'esprits ouverts et curieux, séduits par la possibilité de construire une relation différente avec le monde du soin au cœur du plus ancien hôpital de Paris.

Ma conviction profonde, c'est que nous avons besoin d'initiative de ce type dans tous les registres – des initiatives qui soient pensées d'emblée pour devenir plus grandes, pour associer les forces, pour croiser réellement et pas seulement sur le papier le regard du praticien, du chercheur et de l'innovateur. Nous sommes encore un grand pays de science, d'ingénierie, d'expertise technologique. Nous avons la capacité de créer et de faire. Ce qui manque, ce sont les lieux et les cadres communs pour y parvenir.

À leur manière, les actions que j'évoque et qui ne sont qu'une petite facette de ce qui se fait tous les jours dans ce lieu magnifique, sont une forme de réponse. Ce que j'espère, c'est qu'ailleurs, sur d'autres questions majeures pour notre vie collective, d'autres équipes se forment en se disant qu'elles aussi sont capables, en tout ou en partie, de débloquer des rouages grippés depuis des années et proposer des solutions nouvelles.

Ma conviction, en tout cas, c'est que la crise a réveillé en nous l'envie de voir grand et de faire plus grand – et de le faire ensemble. Cette envie, nous sommes nombreux à l'avoir – notamment parmi tous ces volontaires de crise qui ont tout lâché un jour de mars ou avril 2020 pour faire leur part là où ils pouvaient être utiles. Reste à croire que ce qui a été possible pendant la crise le deviendra après la crise, c'est-à-dire de décloisonner des mondes qui ne se parlent quasiment plus depuis des années, de faire naître une pensée, un langage et des projets communs, de repenser le cadre global de tout cela pour que l'ouvert l'emporte sur le clos, que le mouvement prime sur la stabilité et le *statu quo*. Il n'y a qu'une manière d'y parvenir, qui n'est pas d'invoquer le changement pour le changement ou le différent pour le différent, mais de s'appuyer sur ce qui peut réellement nous permettre de faire autrement – autrement dit le savoir, la compétence, l'expertise pratique ou théorique, tout ce qui nous rend aptes à penser et à faire.

Car tous ces mots, cela va de soi, seront vains et vides s'ils entendent critiquer un tempérament « conservateur » ou culpabiliser une société rétive au changement. Ce lexique « réformateur » a hanté la pensée publique depuis quarante ans. Il est en échec, précisément parce que la question n'est pas de transformer pour transformer, mais de faire et de construire, en acceptant et en assumant de faire et de construire quelque chose de nouveau et de différent parce qu'à l'évidence, nous étouffons collectivement dans cet édifice constamment ravaudé et rapiécé depuis des décennies qu'est la « société française ». Notre société n'est pas bloquée, au sens où elle serait empêchée de l'extérieur. C'est nous tous qui étouffons collectivement. C'est nous tous qui avons besoin, sur tant de questions cruciales – santé, environnement, école, conscience collective – de décaler le jeu, de faire autrement et de faire vite. Nous avons besoin de ces déplacements et force est de constater que les programmes politiques affichés par les principaux partis politiques ne répondent pas, pour l'essentiel, à ces questions. Comment s'en étonner ? Les questions posées sont redoutables et l'on n'y répondra pas s'il n'y a pas demain dix, vingt ou cinquante lieux où, avec ce même esprit d'ouverture et de coopération, l'on s'efforcera de trouver des solutions différentes aux problèmes aggravés dont nous héritons.

Les jeux ne sont pas faits. Il se trouve que le peuple français a régulièrement su, au fil de son histoire, accomplir de tels décalages, qu'ils portent ou non le nom de révolution. C'est à un de ces décalages que nous sommes aujourd'hui conviés par les circonstances qu'il nous a été données de vivre. Cette révolution doit être démocratique, tranquille et inscrite dans le fonctionnement normal des institutions, parce qu'elle ne remet en cause aucun des grands principes qui nous unissent. C'est une triple révolution de l'action, du collectif et des idées. La conduire à bien est la grande tâche de notre génération et de celles qui viennent.

Remerciements

Cet ouvrage n'aurait pas vu le jour sans le soutien permanent et la patience inépuisable de Blandine, qui a bien voulu l'accueillir dans la belle maison qu'est CNRS Éditions. Qu'elle en soit très chaleureusement remerciée.

Je veux également saisir cette occasion de dire ma gratitude – ce que je n'ai jamais vraiment pu faire – à toute l'équipe de la « cellule tests », qui fut admirable de bout en bout, et notamment Johanna, Azadeh, Thomas, Thibault F. et bien sûr le duo formé par Thibault Z. et Cyril.

Les différents états de cet ouvrage ont connu plusieurs séries de relecture, qui lui ont permis de trouver peu à peu sa forme finale. À tous ceux qui se sont livrés à l'exercice par amitié, je veux dire ma profonde reconnaissance – et en particulier à Raphaël, Pauline, Nina, Laetitia, Martin l'ancien, Martin le jeune, Etienne, Mathilde, Arthus, Alexander et Myriam. Il va de soi que le résultat final n'engage que moi !

Mon dernier mot ira à une relectrice un peu particulière, Anne-Fleur, qui m'a accompagné dans cette curieuse entreprise comme dans toutes les autres. Merci à elle pour cela et pour tout le reste.

Table des matières

Collection Débats

Maurice Godelier, *Communauté, Société, Culture. Trois clefs pour comprendre les identités en conflits*, 2009, nouvelle édition 2021.

Dominique Wolton, *Informer n'est pas communiquer*, 2009, nouvelle édition 2021.

Michel Foucher, *Frontières d'Afrique. Pour en finir avec un mythe*, 2014, nouvelle édition 2020.

Michel Foucher, *Le Retour des frontières*, 2016, nouvelle édition 2020.

Michel Agier, *Les Migrants et nous. Comprendre Babel*, 2016, nouvelle édition 2023.

Marta Torre-Schaub, *Justice climatique. Procès et actions*, 2020.

Dominique Wolton, *Communiquer, c'est négocier*, 2022.

pca cmb
édition pré-presse
livres numériques

44400 Rezé

L'éditeur de cet ouvrage s'engage dans une démarche éco-responsable
en utilisant des papiers issus de forêts gérées durablement
www.cnrseditions.fr

Cet ouvrage est imprimé avec des encres végétales
sur papiers certifiés PEFC, Offset Amber Graphic 80 g/m² pour l'intérieur
et Carte couchée 1 face Prime 235 g/m² pour la couverture.

Achevé d'imprimer en juillet 2024
sur les presses de la Nouvelle Imprimerie Laballery
58500 Clamecy
Dépôt légal : août 2024
N° d'impression : 406485
Imprimé en France

IMPRIM'VERT
Votre imprimeur agit pour l'environnement